**Matthias Röhe**

# Danke Landarzt – 26 Jahre rezeptfreie Unterhaltung

*Im Jahr 2011 entstand dieses Gruppenfoto mit den Hauptdarstellern der Arztserie auf dem Lindauhof in Schleswig-Holstein. Damals wurde das 25. Jubiläum gefeiert. Nur ein Jahr später fiel die letzte Filmklappe für Deutschlands dienstälteste Arztserie – mehr dazu in diesem Nachschlagewerk „Danke Landarzt – 26 Jahre rezeptfreie Unterhaltung".*

Bibliografische Information der Deutschen Nationalbibliothek:
Die Deutsche Nationalbibliothek verzeichnet diese Publikation in der Deutschen Nationalbibliothek; detaillierte bibliografische Daten sind im Internet über http://dnb.d-nb.de abrufbar.

**Matthias Röhe**

# Danke Landarzt –
# 26 Jahre rezeptfreie Unterhaltung

Am 10. Februar 1987 wurde „Der Landarzt" mit einer Pilotfolge zum ersten Mal ausgestrahlt. Damit gehört die beliebte Vorabendserie zu den ältesten Arztserien im Deutschen Fernsehen. Über diese beliebte TV-Serie gibt es die Sonderzeitung „20 Jahre – Der Landarzt in unserer Region" (erschienen am 10. Februar 2007) und seit Mai 2007 das Hochglanzmagazin „Diagnose langlebig: Der Landarzt" mit vielen Hintergrundberichten und einzigartigen Fotos von den Dreharbeiten. Sonderzeitung, Hochglanzmagazin – seit 2009 gibt es zudem ein Buch mit gleichem Titel „Diagnose langlebig: Der Landarzt", das ebenfalls auf die zurückliegenden Jahre blickt. Schließlich halten Sie hiermit ein weiteres Nachschlagewerk in den Händen: das neue Buch „Danke Landarzt – 26 Jahre rezeptfreie Unterhaltung". Es enthält viele Informationen über die TV-Serie, eine genaue Beschreibung „Wo ist Deekelsen", enthält spannende Interviews mit einigen Darstellern und einer tollen Fotovisite. Es berichtet über die Anfänge mit Christian Quadflieg, Walter Plathe bis Wayne Carpendale.
Das Buch ist, wie alle oben beschriebenen Produkte auch, kein offizielles Produkt der ausstrahlenden Sendeanstalt. Es wurde als Nachschlagewerk über die TV-Serie „Der Landarzt" vom FoTe Presseservice Matthias Röhe im Eigenverlag herausgebracht. Als Informationsquelle dienten Mitteilungen der Pressestelle des ZDF, Eigenrecherche und die persönliche Begleitung des Autors der Dreharbeiten in den Jahren 2000 bis 2012.

Herstellung und Verlag: BoD – Books on Demand, Norderstedt
Gedruckt in Deutschland / Printed in Germany
ISBN-13: 978-3-7357-7921-2

# Inhalt

*Hintere Reihe: Wayne Carpendale, Caroline Scholze, Regisseur Dominikus Probst, Gerhard Olschewski*
*Vordere Reihe: Franziska Troegner, Lea Faßbender, Niels Bruno Schmidt, Ines Lutz*

# Vorwort

10. Februar 1987: im Zweiten Deutschen Fernsehen (ZDF) beginnt um 20.15 Uhr das Intro einer neuen Arztserie mit einem Baum auf einem unreifen Kornfeld, blauem Himmel und der Schlei im Hintergrund. Es folgt ein Bild einer Mühle (Mühle „Charlotte" in der Geltinger Birk) – und dann sieht der Zuschauer ein Bewegtbild von Dr. Karsten Mattiesen, wie er die Treppe seiner Praxis herunter läuft und auf seine Armbanduhr blickt – der Schriftzug „Der Landarzt" wird eingeblendet. Es ist der Pilotfilm, der am ersten Tag Millionen von Fernsehzuschauern vor den Bildschirm lockt.

Etwa 20 Jahre später: Spaziergang entlang der Schlei mitten in Kappeln. In Höhe der Straße Dehnthof stellen sich plötzlich zwei junge Frauen in den Weg und blockieren die Straße Am Hafen. „Bitte warten Sie einen Augenblick. Wir drehen hier gerade", sagt eine der beiden Blockerinnen, wie sie in der Filmsprache genannt werden. Nichts Ungewöhnliches. Gerade an Kappelns Hafen wird in den Sommermonaten gedreht was das Zeug hält. Touristen und Bürger aus Kappeln schauen sich meist die Dreharbeiten an. Ein Dutzend Produktionsfahrzeuge steht in einer Seitenstraße. Darunter ein Generatorwagen mit Strombelieferung, drei große Gerätewagen, zwei Cateringfahrzeuge und mehrere Wohnmobile – zwei Maskenmobile stehen auch noch in einer Parkbucht. Vor einer kleinen Kneipe liegen Kabel, stehen Stative und Scheinwerfer. Leider finden zur Zeit nur Innenaufnahmen statt, so dass kein Schauspieler zu sehen ist. Aber auf dem Armaturenbrett eines Produktionsfahrzeugs liegt ein Produktionsplan.

Glück gehabt: Keine halbe Stunde später soll laut des Plans das Filmteam eine Außenszene drehen. Und tatsächlich: bummelig eine dreiviertel Stunde später transportiert die Filmcrew das gesamte Equipment nach draußen. Kameraschienen werden verlegt, die Kamera selbst auf einen Dolly (Kamerawagen) geschraubt und zwei Scheinwerfer justiert. Die Darsteller albern noch kurz herum, werden noch schnell gepudert. Die beiden Blockerinnen stehen wieder auf der Straße, lenken den Verkehr um. Der Ton-Ingenieur testet das Mikrofon, die Regie-Assistenz kritzelt eine Zahl auf die Filmklappe und der Rest der Filmcrew zieht sich auf eine Bank zurück. Dann bittet der Regisseur um Ruhe. Übrigens: Der Beruf des Regisseurs kam zustande, weil vor vielen Jahren zwei Schauspieler vor der Kamera standen und einer von denen seinen Platz verließ, um zu schauen, ob der andere in der Mitte steht.

Aber Spaß bei Seite. „Und bitte", ertönt vom Regisseur, nachdem die Kamera abgefahren und die Aufzeichnung des Tons gestartet wurde. Am Set herrscht nun Ernsthaftigkeit und Ruhe. Die Schauspieler beginnen mit dem Aufsagen ihres Textes. Dreharbeiten für die Erfolgsserie „Der Landarzt" mit Wayne Carpendale, Gerhard Olschweski und vielen weiteren Schauspielern in den Hauptrollen. Ganze 26 Jahre spielt Kappeln die heimliche Hauptrolle – und viele kleine Dörfer im Umkreis von etwa 30 Kilometer ebenfalls.

26 Jahre „Der Landarzt"! Was für ein Ereignis. Damit gehört die Arztserie eindeutig zu den ältesten Serien im Deutschen Fernsehen. Nur „Der Alte" (Erstausstrahlung 11. April 1977) und „Ein Fall für Zwei" (Erstausstrahlung am 11. September 1981), sowie das „Großstadtrevier" (Erstausstrahlung am 16. Dezember 1986) sind ältere Serien als „Der Landarzt".

Am 28. April 1986 fällt der Startschuss für eine außergewöhnliche Erfolgsgeschichte: Es ist der erste Drehtag von „Der Landarzt"! Ein Projekt, das sich im Verlauf eines Vierteljahrhunderts zu einer der erfolgreichsten Familienserien im deutschen Fernsehen entwickelt. Direkt an der malerischen Schlei – mit Pferden auf den Weiden, Kornblumenfeldern und der rauschenden Brandung am unweiten Ostseestrand – in dieser schönen Umgebung mit ihrem besonderem Charme liegt Deekelsen. Deekelsen? Wer diesen Begriff in sein Navigationssystem tippt oder im Internet nach dem Ort sucht wird schnell merken, dass es ein fiktiver Ortsname ist. Deekelsen gibt es nur im Fernsehen. Genau dort leben und arbeiten Dr. Karsten Mattiesen (Christian Quadflieg, bis Staffel 4), Dr. Ulrich Teschner (Walter Plathe, bis Staffel 17) und Dr. Jan Bergmann (Wayne Carpendale, bis zur Staffel 22). Dort wohnen auch alle anderen Figuren aus der Vorabendserie. In Deekelsen fahren Sven Olsen und Dieter Paetz mit ihrem Streifenwagen auf und ab, Kräuterdoktor Hinnerksen lindert mit seinen alternativen Heilmitteln die Schmerzen der Bewohner und Jan Bergmann reitet schon des Öfteren auf einem Pferd durch die Ortschaft. In Deekelsen ist die Welt noch in Ordnung.

In den vergangenen 26 Jahren befand sich zwischenzeitlich auf dem Mattiesenhof eine Gemeinschaftspraxis. An der Seite von Dr. Uli Teschner praktizierte dort Dr. Moritz Roßwein (Christian Schmidt) in einigen Folgen, bevor in der Folge 182 „Über den Schatten springen" Physiotherapeut Nicolas Brenner (Manou Lubowski) die Praxis neu öffnete. Nach Übernahme der Landarzt-Praxis durch Jan Bergmann leitet Nicolas Brenner seine Praxis auf dem Mattiesenhof – gleich neben den Praxisräumen von Dr. Bergmann.

„Der Landarzt" ist ein sympathischer Werbeträger für die Region und die Bedeutung des „Landarzt"-Tourismus als Wirtschaftsfaktor noch immer hoch anzusiedeln. Reisebusse aus ganz Deutschland fahren auch 28 Jahre nach Drehstart ins schleswig-holsteinische Kappeln und Umgebung.

Unter den vielen Touristen und Urlaubern sind fast unzählige Landarzt-Fans dabei, die auch gerne mal ein Auge auf die Originalkulissen werfen. Auf die Dreharbeiten können sie kein Auge mehr werfen und hautnah dabei sein, wenn unter anderem Caroline Scholze, Jacqueline Svilarov, Ulrich Bähnk, Thomas Balou Martin, Gerhard Olschewski oder beispielsweise Wayne Carpendale für neue Folgen vor der Kamera stehen. Denn: Am 3. Oktober 2012 – dem Tag der deutschen Einheit und somit einem Feiertag – gab die Novafilm Fernsehproduktion GmbH Berlin das Serien-Aus bekannt. Auf der Internetplattform „Facebook" postete das Unternehmen: „Cut! Der Landarzt ist abgedreht. Für immer. Wir haben gestern das Abschlussfest für die 22. Staffel gefeiert und haben uns von unserem tollen Team verabschiedet. Im 25. Ausstrahlungsjahr hat das ZDF die Serie nun leider abgesetzt. Unser Dank gilt allen, die ihren Teil dazu beigetragen haben, dass „Der Landarzt" in dieser Qualität hergestellt werden konnte und den vielen Millionen Menschen, die das Programm mit Freude einschalten. 2013 werden die letzten Folgen der Serie ausgestrahlt und wir wünschen allen Zuschauern viel Spaß beim Genießen!"

Erst einige Wochen zuvor startete die neue Staffel der Serie im Fernsehen, die im Durchschnitt laut ZDF etwa 4,5 Millionen Zuschauer sahen. Warum das plötzliche Serien-Aus?

„Das ZDF wird im Rahmen der kontinuierlichen Programmerneuerung die Vorabendserie ‚Der Landarzt' nicht fortsetzen. Darüber wurde die betreffende Produktionsfirma bereits informiert", gibt Iris Käsche von der Pressestelle bekannt. „Für den Sendeplatz am Freitagabend (19.25 Uhr) werden neue Formatideen entwickelt. Zur kontinuierlichen Modernisierung eines TV-Programms gehört auch der gelegentliche Abschied von lang laufenden Formaten. Sonst gäbe es keine Sendeplätze für Neuentwicklungen", führt Iris Käsche fort. Das Team staunte nicht schlecht, als im Rahmen der Abschlussfeier zum Ende der 22. Staffel das endgültige Aus verkündet wurde.

Kaum jemand kann die Entscheidung des ZDF verstehen. Die letzten vier Jahre wurden selbst die Dreharbeiten für Journalisten abgeschirmt. Nur einmal im Jahr wurden Pressevertreter kollektiv ans Set gelassen, um Fotos zu schießen und Interviews zu führen. Das war zu Zeiten von Christian Quadflieg (Landarzt von 1987–1992) und Walter Plathe (Landarzt von 1992 bis 2008) anders. Seit des Einstiegs von Wayne Carpendale im Jahr 2008 hat sich nicht nur vom Inhalt eine Menge geändert. Auch die Arbeitsweise am Set soll sich stark verändert haben (lesen Sie dazu auch bitte das „Interview" mit Wayne Carpendale, in dem manche Sachverhalte klar werden). So erstaunt es fast nicht, dass der Hauptdarsteller auch nur einen kurzen Kommentar über seine offizielle Facebook-Seite postete: „Ich muss Euch leider sagen, dass ich am Montagabend meine letzte Szene als Dr. Jan Bergmann gespielt habe. Der Sender hat sich entschieden, den Landarzt nicht fortzusetzen. Es waren fünf wunderschöne Jahre mit einem ganz besonderen Team und tollen Fans. Dafür ein riesen fettes DANKE!" Im Zeitalter des Internet wohl die einfachste Art, einfach tschüß zu sagen...

Dr. Jan Bergmann
Arzt für Allgemeinmedizin

Sprechzeiten
Mo. - Fr.      9.00 - 12.00 Uhr
Mo. Di. Do.   15.00 - 19.00 Uhr

7

# Am 28. April 1986 fällt die erste Klappe

Dr. Karsten Mattiesen kommt aus seiner Praxis, geht schnellen Schrittes die Treppe herunter und steigt in seinen Wagen. Dazu die klassische Titelmelodie (Intro) im Hintergrund. Welcher Landarzt-Fan erinnert sich nicht an den Pilotfilm, der am 10. Februar 1987 um 20.15 Uhr ausgestrahlt wurde. Der Inhalt lässt sich im Wesentlichen folgendermaßen zusammenfassen: Dr. Karsten Mattiesen (Christian Quadflieg), der schon vor längerer Zeit die Praxis seines Vaters im schleswig-holsteinischen Ort Deekelsen übernommen hat, genießt großes Vertrauen in der Stadt. Neben seinen Qualitäten als Arzt schätzen die Leute im gemütlichen Deekelsen seine menschliche, hilfsbereite Art. So wendet sich Inken Eckholm (Andrea Popadic) die 18-jährige Tochter des bärbeißigen Pfarrers (Heinz Reincke), voller Verzweiflung an Dr. Karsten Mattiesen: Sie erwartet ein Kind, ist aber nicht bereit, den Vater zu nennen, weil sie nicht nur aus Mitleid geheiratet werden möchte. Im Streit ist sie aus dem Pfarrhaus ausgezogen, weiß aber nicht, wohin.

Mattiesen bietet Inken an, vorerst bei ihm und seiner Mutter zu wohnen. Während Olga Mattiesen (Antje Weisgerber) sich um Inken kümmert, hat Karsten ganz andere Sorgen. Er muss in die Hansestadt Hamburg fahren, weil seine Ehe mit Annemarie geschieden wird. Außerdem hat Annemarie, die mit dem 18-jährigen Eike (Henrik Martz) und der 17-jährigen Kerstin (Katharina Lehmann) in Hamburg eine Wohnung hat, Geburtstag. Die Geburtstagsfeier wird recht turbulent und fröhlich. Aber am nächsten Tag folgt die Ernüchterung für Annemarie und Karsten – sie stehen vor dem Scheidungsrichter. Nur ungern hebt der Richter diese Ehe auf. Spürt er doch schließlich, dass dieses Paar eigentlich immer noch zusammengehört. Karsten ist erleichtert, dass er wieder nach Deekelsen zurückfahren kann. Dort ist die Welt, in der er sich wohl fühlt. Soweit zum Inhalt. Was der Fernsehzuschauer nicht zu wissen, geschweige denn zu sehen bekam: Uschi Glas sollte zuerst die Frau von Dr. Mattiesen sein. Doch während der Dreharbeiten wurde sie schwanger und stieg aus. Knapp zwei Monate soll Uschi Glas für den „Landarzt" vor der Kamera gestanden haben. Dann brach sie die Arbeiten ad hoc ab. Nach unbestätigten Angaben wurde somit Filmmaterial im Wert von umgerechnet 28.000 Euro (etwa 60.000 Deutsche Mark) verpulvert. Anstelle von Uschi Glas wurde Gila von Weitershausen ins Drehbuch geschrieben. Sie spielte in den ersten Folgen eine Lehrerin und war die Geliebte und Frau von Dr. Karsten Mattiesen.

*Ursprüngliche Besetzung: Kerstin (Katharina Lehmann), Annemarie (Uschi Glas),
Olga (Antje Weisgerber), Dr. Karsten Mattiesen und Eike (Henrik Martz).*

*Uschi Glas und Christian Quadflieg im Jahr 1986 bei Dreharbeiten in Lindaunis. Laut Drehbuch sollte Uschi Glas als Frau Mattiesen in der Serie mitwirken. Dann wurde sie schwanger und Gila von Weitershausen übernahm ihre Rolle.*

*Knapp zwei Monate soll Uschi Glas für den „Landarzt" vor der Kamera gestanden haben. Dann brach sie die Arbeiten ad hoc wegen ihrer Schwangerschaft ab – nach unbestätigten Angaben wurden etwa 60.000 Deutsche Mark in den Sand gesetzt.*

Dr. med.
K. Mattiesen
prakt. Arzt

Sprechstd.: 8 – 12 Uhr
Di. und Do. 16 – 19 Uhr

9

*Gruppenfoto der Familie Mattiesen, wie sie in der Serie tatsächlich auftrat: Tochter Kerstin (Katharina Lehmann), Sohn Eike (Henrik Martz), Annemarie (Gila von Weitershausen), Dr. Karsten Mattiesen und Olga (Antje Weisgerber).*

# Die Darsteller von 1987 bis 2013

**Christian Quadflieg** *als Landarzt Dr. Karsten Mattiesen.*

*Praxisschild mit den Sprechzeiten im Eingangsbereich des Mattiesen-Hofs in Deekelsen.*

**Antje Weisgerber** *spielte in der Serie Olga Mattiesen, die Mutter von Karsten.*

**Hendrik Martz** *spielte den Sohn Eike Mattiesen.*

**Gila von Weitershausen** *spielte Annemarie, die Frau von Karsten.*

Foto: Kai Labrenz

**Katharina Lehmann** *spielte die Tochter Kerstin Mattiesen.*

**Udo Thomer** *sorgte als Fährmann Alois Patzner dafür, dass die Bewohner aus Deekelsen von A nach B über die Schlei kamen.*

Foto: Wikipedia / Udo Grimberg
Lizenz: CC BY-SA 3.0

11

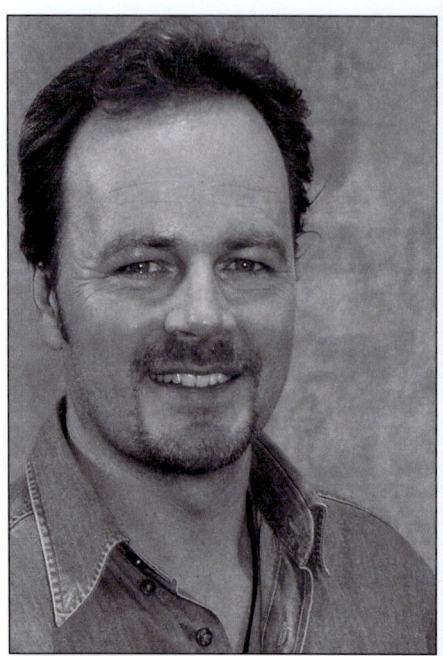

**Till Temtrøder** *spielte den Rechtsanwalt Wanja Teschner (Sohn von Dr. Uli Teschner).*

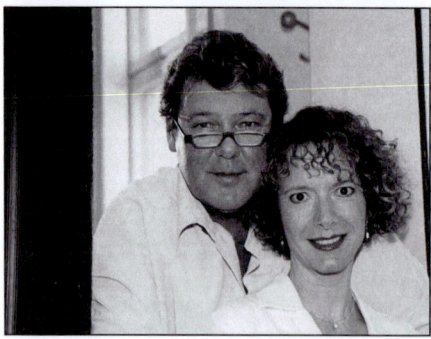

**Karina Thayenthal** *war in der Serie als Schwester Jutta zu sehen – die Geliebte von Uli (links).*

Foto: Kai Labrenz

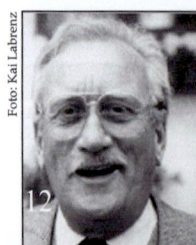

**Dieter Eppler** *spielte den Bewohner von Deekelsen, Hugo Cornelsen.*

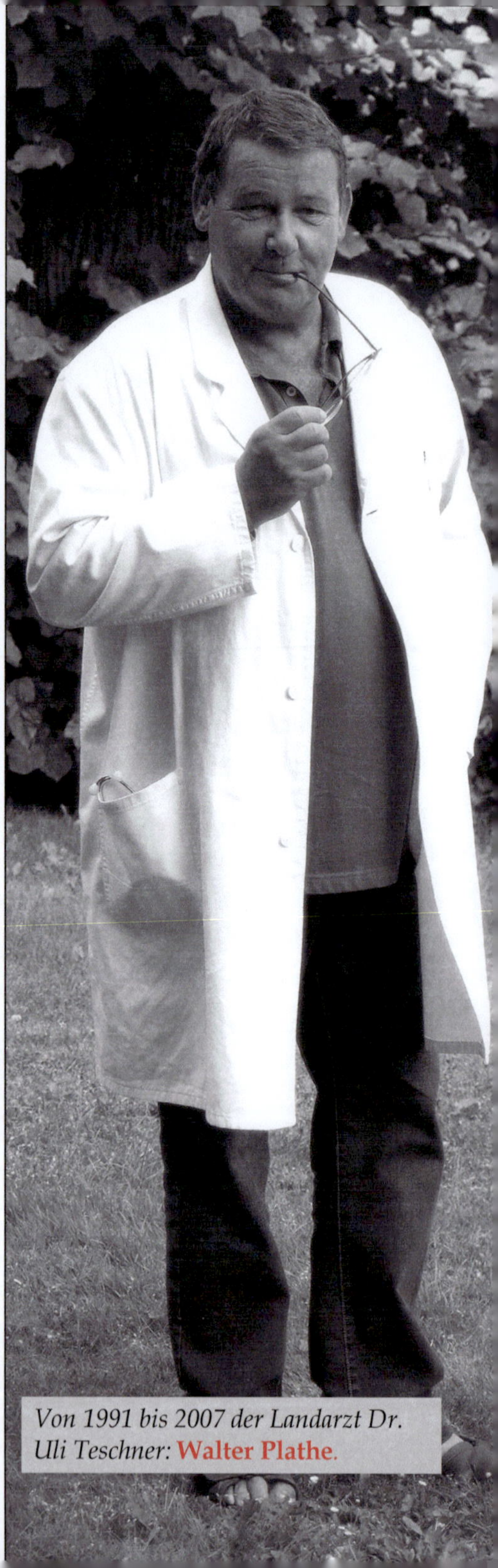

*Von 1991 bis 2007 der Landarzt Dr. Uli Teschner:* **Walter Plathe**.

**Eva Kryll** spielte Tierärztin Dr. Katrin Husemann auf dem Wiesnerhof.

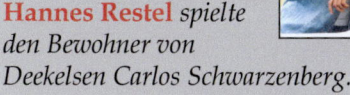

**Katja Woywood** als Paula Huber.

**Hannes Restel** spielte den Bewohner von Deekelsen Carlos Schwarzenberg.

**Christian Schmidt** spielte Dr. Moritz Roßwein. Zusammen mit Dr. Uli Teschner betrieb er eine Gemeinschaftspraxis auf dem Mattiesen-Hof in Deekelsen.

**Katharina Lehmann** als Kerstin Kuss, geb. Mattiesen.

**Sönke Schütt** sorgte als Polizeibeamter Schliesser in dem Schleidorf Deekelsen für Recht und Ordnung. Abends saß er am Stammtisch.

**Maximilian Werner** spielte in der 17. Staffel Florian Jantzen, den Sohn von Maren Jantzen.

**Gert Haucke** (links) war in Deekelsen der Hotelier Bruno Hanusch, verheiratet mit Barbara Hanusch (gespielt von Angelika Milster). Eva Maria Bauer (rechts) trat in Deekelsen als Frau Sellmann in Erscheinung.

**Julian Paeth** spielte Peer Moser, den Sohn des Bauunternehmers Claas Moser. Außerdem war er der Freund von Jeanette (Adoptivtochter der Familie Teschner).

**Victoria Sturm** spielte Floriane Habersaat.

**Ulrich Gebauer** spielte den geldgierigen Bauunternehmer Claas Moser.

**Monika Woytowicz** tauchte in den Staffeln vier bis sieben als Elsa Teschner auf.

**Petra Verena Milchert** spielte Astrid.

**Katarina Jacob** als Elke Hinnerksen.

**Klaus Gehrke** agierte als Fischer und Fischverkäufer Kalle Opdehn.

**Patrick Winczewski** spielte den Bewohner von Deekelsen Uwe Kuss.

**Frederike Euler** spielte in 36 Folgen (von 2001 bis 2007) die Stieftochter des Arztes Ulli Teschner, Jeanette.

**Eva Maria Bauer** *trat in Deekelsen als Frau Sellmann in Erscheinung. Sie war eine der drei „Klatschtanten" und stehts über das „Wer mit wem" informiert.*

**Stefanie Mensing** *spielte Tina Krumel, die Freundin von Wanja Teschner (Till Demtrøder).*

**Franziska Troegner** *war Arzthelferin Schwester Gertrud. Sie koordinierte Termine und begrüßte gut gelaunt die Patienten.*

**Gisela Trowe**, *die in Freundeskreisen liebevoll „Coco" genannt wurde, spielte Gräfin Bea Cornelsen.*

**Luise Bähr** *spielte in der Serie Arzthelferin Ramona.*

**Edith Behleit** *als Haushaltshilfe Frau Jürgens – in fast 150 Folgen der Serie trat sie auf.*

**Hans-Georg Panczak** *als Geschäftsmann und Wirt Mark Bohm.*

**Gerd Silberbauer** *spielte Prof. Dr. Herbert Roßwein, Vater von Dr. Moritz Roßwein.*

**Kai Maertens** *in der Rolle als Bewohner von Deekelsen Peter Hamacher.*

15

**Gruppenfoto mit Bewohnern** *von Deekelsen: Sie alle lebten und arbeiteten in dem beschaulichen, kleinen Ort an der Schlei.*

**Niklas Tschernich** *als Florian Jantzen (hier mit Jan Bergmann und Mutter Maren Jantzen).*

**Sabine Bach** *war Anne Helligpeter.*

**Die Klatsch- oder Tratschtanten von Deekelsen**: *Berta Rogalla alias Gerda Gmelin und Thea Abdoll alias Evelyn Hamann. Dieses Foto entstand 1987 bei Dreharbeiten vor der Kirche in Kappeln.*

**Schwester Jutta** *(Karina Thayenthal)*, **Landarzt Dr. Uli Teschner** *(Walter Plathe)* und **Anne Helligpeter** *(Sabine Bach).*

**Jakob und Leon Hilken** *sind Zwillingsbrüder und spielten in der Serie den Sohn von Dr. Uli Teschner. Foto rechts: Jakob auf einem Trecker.*

**Lutz    Mackensy** *war    Zeitungsreporter und Journalist vom „Deekelnser    Bote". Mit    Kugelschreiber und Fotokamera bewaffnet, beschaffte er sich    Informationen.*

Foto: Kai Labrenz

**Julia Biedermann** *spielte Yvonne Teschner (Tochter von Dr. Teschner).*

**Adrian Topol** *spielte den Polizisten Nico Bock.*

**Eckhardt Bogda** *spielte den Oberstudiendirektor Herrn Weber a. D.*

**Gerhard Olschewski** *als Kräuterdoktor Hinnerksen.*

18

**Heinz Reincke** *als Pastor Albert Eckholm. In späteren Folgen war er auch als Bürgermeister von Deekelsen zu sehen.*

**Manou Lubowski** *war Physiotherapeut Nicolas Brenner.*

**Jens Scheiblich** *im Einsatz: Er spielte den Polizeibeamten Heitmann, der in Deekelsen für Recht und Ordnung sorgte...*

**Nynne Bugat** *(auf dem Foto rechts) war in der Serie als Au-Pair-Mädchen Gitte zu sehen. Neben ihr (Foto) sitzen Frederike Euler und Heinz Reincke.*

**Thomas Balou Martin** *als Jens Halling, Mann von Ines.*

**Thorsten Nindel** *(rechts) als Sven Olsen,* **Ulrich Bähnk** *als Dieter Paetz – sie waren die Cops im Örtchen Deekelsen und waren für ihre lockere Art bekannt.*

**Angelika Milster** *war in der Serie Barbara Hanusch.*

**Renate Schröter** *lebte als Frau Rudolphsen ebenfalls in Deekelsen.*

Erika Skrotzki *als Doris Jantzen.*

**Wayne Carpendale** *(Sohn von Schlagersänger Howard Carpendale) war seit 2007
Landarzt Dr. Jan Bergmann und linderte die
körperlichen und seelischen Schmerzen der
Bewohner von Deekelsen.*

Dr. Jan Bergmann
Arzt für Allgemeinmedizin

Sprechzeiten

Mo. – Fr.        9.00 – 12.00 Uhr
Mo. Di. Do.    15.00 – 19.00 Uhr

**Caroline Scholze** *als Maren
Jantzen und Wayne Carpen-
Dr. Jan Bergmann (Wayne
Carpendale).*

**Katharina Blaschke** *trat in
mehreren Folgen als Cynthia
Husen auf.*

21

**Jacqueline Svilarov** *(rechts) war als Mechanikerin Laura Helfritzsch seit 2004 in Deekelsen und die Enkelin von Frau Sellmann. Frau Sellmann wird verkörpert von Eva Maria Bauer (siehe Seite 14).*

Foto: Kai Labrenz

**Clelia Sarto** *trat in mehreren Folgen als Dr. Leticia Garcia auf.*

**Simon Böer** *war in Deekelsen als Bootsbauer Christian Schulte zu sehen.*

**Proschat Madani** *(l.) spielte Frederike von Saalfeld.*

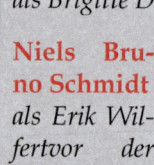

**Nina Hoger** *(r.) als Brigitte Davis.*

*Auch* **Katrin Pollitt** *wohnte in Deekelsen an der Schlei. Auf dem Foto unten hält sie gerade einen Plausch mit Dr. Teschner. Im Hintergrund sind Pferde auf einer Koppel.*

**Gunter Schoß** *als Prof. Dr. Heinrich Bergmann.*

**Niels Bruno Schmidt** *als Erik Wilfertvor der Arztpraxis.*

**Lea Faßbender** *als Sprechstundenhilfe Anja Steinwehr am Empfang.*

Foto: Kai Labrenz

**Gerd Grasse** *spielte den Schuldirektor Kranz.*

**Daniela Hoffmann** *(Foto unten) spielte Ines Halling. Sie war die Frau von Jens Halling, der von Thomas Balou Martin (Seite 19) verkörpert wurde..*

Foto: Kai Labrenz

**Regine Lamster** *lebte als Antje Buschmann-Ratjen in Deekelsen. Auf dem Foto oben unterhält sie sich mit* **Uwe Hacker** *auf dem Mattiesen-Hof.*

# Landarzt Dr. Karsten Mattiesen

Die Serie „Der Landarzt" gehört zu den erfolgreichsten Serien im Deutschen Fernsehen. Dass es einmal so weit kommen würde, war am 10. Februar 1987 überhaupt nicht abzusehen. Damals flimmerte der allererste Pilotfilm über die Mattscheibe. Der Landarzt hieß damals Dr. Karsten Mattiesen und die Hauptrolle spielte Christian Quadflieg.

Mit seiner liebenswürdigen und vorallem gutmütigen Art kam der erste Landarzt nicht nur bei den Einwohnern und Gästen in Deekelsen gut an, sondern auch bei den Fernsehzuschauern. Bis zur ersten Folge der vierten Staffel blieb Christian Quadflieg der für ihn auf den Leib geschriebenen Landarzt-Rolle treu. Dennoch wollte er sich nicht ständig als Arzt „abstempeln" lassen und sorgte für ein abruptes Ende: Dr. Karsten Mattiesen starb beim Versuch, ein Kind, das sich in Lebensgefahr befand, zu retten. So hatte der Schauspieler, nach eigenem Wunsch, einen tragischen Serientod.

Sein Nachfolger in dem idyllischen Ort Deekelsen wurde Walter Plathe alias Dr. Uli Teschner. Im Fernsehen hatte Christian Quadflieg Auftritte in zahlreichen Filmen und Serien wie beispielsweise „Der Alte", „Derrick", „Das Traumschiff", sowie „Siska". Zudem wirkte Quadflieg im „Tatort" mit dem Titel „Reifezeugnis" (mit Nastassja Kinski) mit. Dort spielte den Pädagogen Fichte. In der Gegenwart tritt Christian Quadflieg mit regelmäßigen Dichterlesungen in ganz Deutschland auf.

# Landarzt Dr. Ulrich Teschner

Nachfolger von Dr. Karsten Mattiesen wurde Walter Plathe alias Dr. Uli Teschner. Am 17. Januar 1992 stellte sich der junge Arzt erstmalig in Deekelsen vor und eröffnete zum ersten Mal seine Landarztpraxis auf dem Mattiesen-Hof. Die Serienfolge (Folge 42) hieß dementsprechend auch „Der neue Doktor". Das gemütliche Dorf Deekelsen und Dr. Uli Teschner verbrachten fast 18 gemeinsame Jahre – in der kurzlebigen Fernsehwelt fast schon eine Ewigkeit. In etwa 180 Folgen prägte er nachhaltig die Serie und spielte sich in dieser Zeit in die Herzen der Fernsehzuschauer. Walter Plathe spielte unter anderem in Serien wie „Großstadtrevier", „Polizeiruf 110", Walter Plathe spielte unter anderem in Serien wie „Großstadtrevier", „Polizeiruf 110", „Klinik unter Palmen" oder „Bei aller Liebe" mit.

Einem breiten Publikum wurde Walter Plathe insbesondere durch seine Hauptrolle als Landarzt bekannt, in der er von 1992 bis Ende 2007 den Arzt Dr. Ulrich Teschner verkörperte.

In einem Interview im Jahr 2010 sagte Plathe, dass er hin und wieder die Dreharbeiten an der Schlei vermisse. Er war über 15 Jahre dabei und denke gern an die Arbeit und die Kollegen. Er sagte auch, dass die Zeit vorbei sei, und es jetzt eine andere gebe – und die sei auch wieder interessant.

# Landarzt Dr. Jan Bergmann

Die Ära Dr. Uli Teschner ging im Jahr 2007 (Ausstrahlung 2008) zu Ende; ein Jahr später begannen die Dreharbeiten mit seinem Nachfolger: Dr. Jan Bergmann. Gespielt wurde diese Rolle von Wayne Carpendale, Sohn des Schlagersängers Howard Carpendale. Er verkörperte in den Folgen, die von 2009 bis 2013 ausgestrahlt wurden, den neuen Landarzt in Deekelsen.

Zu seiner Rolle: Dr. Jan Bergmann stammte aus einer wohlhabenden Hamburger Familie und war ein gut aussehender Mann. Sein Beruf war ihm Berufung: Fachlich kompetent, einfühlsam, hilfsbereit, kritikfähig und als guter Zuhörer stellte er den Menschen immer über die Krankheit und verfolgte damit medizinisch einen ganzheitlichen Ansatz. Jan Bergmann war ehrgeizig und ging des öfteren unkonventionelle Wege, um den Ursachen für Beschwerden seiner Patienten auf die Spur zu kommen. Dies führte immer wieder zu Konflikten mit seinem autoritären Vater, Prof. Dr. Heinrich Bergmann, Leiter einer renommierten Privatklinik in Hamburg, in der Jan Bergmann zunächst als Assistenzarzt angestellt war. Ohnehin war das Verhältnis zu seinem Vater nach dem frühen Tod der Mutter stark belastet. Der attraktive und von Frauen umschwärmte Mann lebte mit seiner Freundin Constanze, die auch gleichzeitig seine Kollegin an der Klinik war, in einer gemeinsamen Wohnung in Deekelsen.

Doch das Gefühl war über die Jahre auf der Strecke geblieben, Bergmann beendete die Beziehung. In der Liebe hatte Dr. Jan Bergmann lange kein Glück. Mit Maren Jantzen begegnete Jan Bergmann die erste Frau in seinem Leben, für die es sich lohnte, um die Liebe zu kämpfen. Maren Jantzen hatte einen Sohn, mit dem sich der junge Doktor bestens verstand.

Bekannt wurde Wayne Carpendale hauptsächlich durch die Fernsehserie „Unter Uns". Anfang 2006 wagte sich Wayne Carpendale auf das Tanzparkett der RTL-Show „Let's Dance" und spielte unter anderem in Serien wie „Unser Charly", „Girl Friends" oder „Alphateam" mit. Seit 2014 versucht er sich als Moderator der Sendung „Deal or no Deal" in Sat.1. Zudem gehört er dem Ensemble der Karl-May-Festspiele in Bad Segeberg an, dort spielt er die Hauptrolle des Old Shatterhand.

**Dr. Jan Bergmann.** Gespielt wurde diese Rolle von Wayne Carpendale, Sohn des Schlagersängers Howard Carpendale. Dieses Foto entstand bei Dreharbeiten im Jahr 2011 im Garten auf dem Gut Lindauhof.

# Filmkulisse und Drehort: Wo ist Deekelsen?

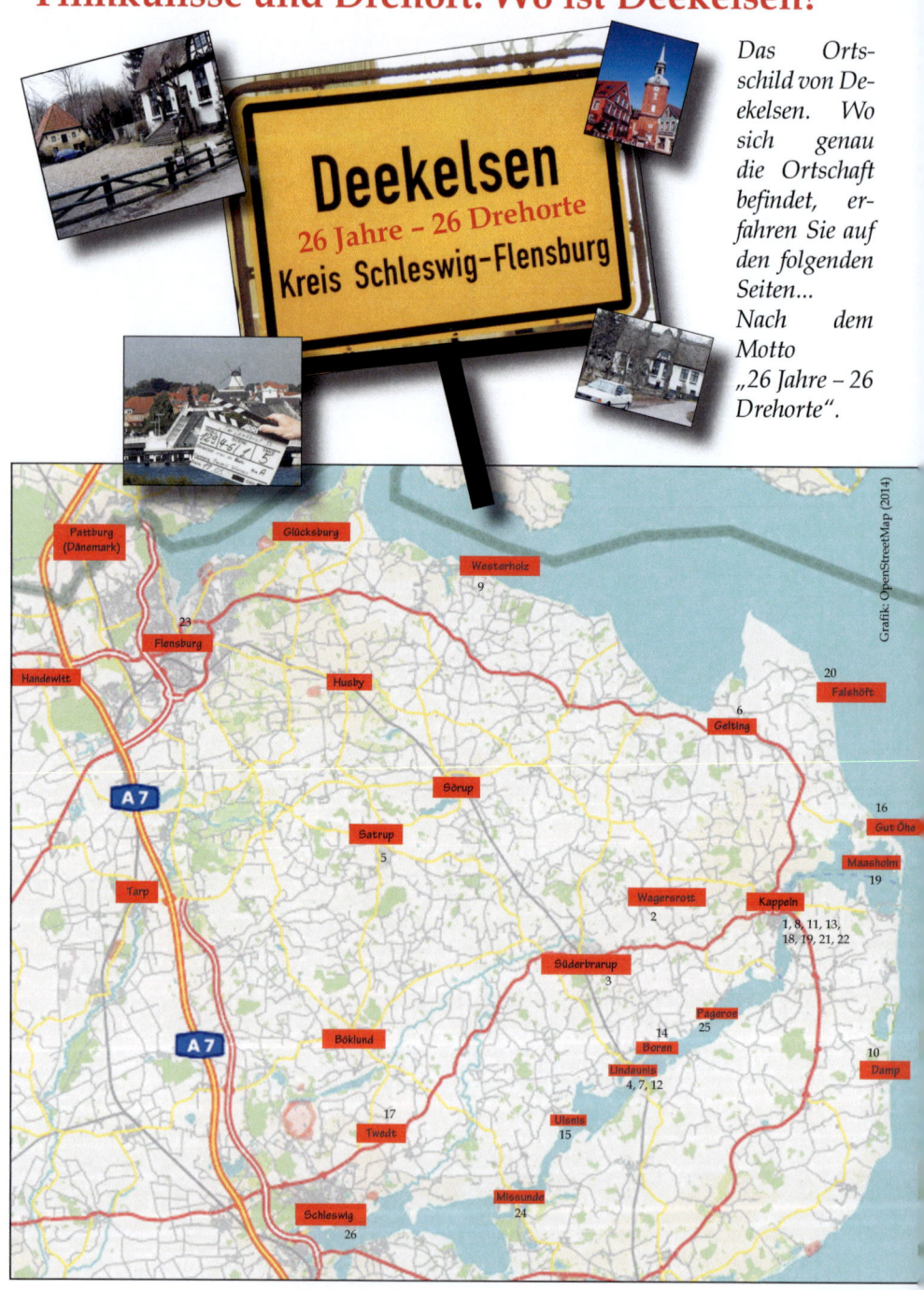

Das Orts-schild von De-ekelsen. Wo sich genau die Ortschaft befindet, er-fahren Sie auf den folgenden Seiten...
Nach dem Motto „26 Jahre – 26 Drehorte".

Grafik: OpenStreetMap (2014)

1) Die Zeitungsredaktion des „**Deekelnser Bote"** befand sich in der Schmiedestraße 11 in Kappeln. In der Realität ist dort ein Zeitungsverlag mit einer Lokalredaktion ansässig.

2) Der Holländerhof in Wagersrott war Wohnhaus und Praxis von **Kräuterdoktor Hinnerksen** (Gerhard Olschewski). Auch seine Frau Gertrud (Franziska Troegner) lebte und arbeitete auf dem Hof. Zu finden: Holländerhof, 24392 Wagersrott.

3) Der **Bahnhof von Deekelsen** war in Süderbrarup. Einmal im Jahr ist hier Schleswig-Holsteins größter ländlicher Jahrmarkt aufgebaut, also ein Anziehungspunkt für Touristen und Einheimische. Auch wenn das Drehteam am Bahnsteig eine Szene abdrehte, stürmten zahlreiche Schaulustige dorthin, während sich die Zug-Reisenden die Nase an der Fensterscheibe platt drückten. Bahnhofstraße, 24392 Süderbrarup.

4) Von 1986 (Ausstrahlung 1987) bis 2012 (2013) praktizierte „Der Landarzt" im schönen Deekelsen und hatte seitdem eine treue Fangemeinde. Etwa vier Millionen Fernsehzuschauer schauten sich die Serie regelmäßig an. Ihre **Praxis** hatten die Landärzte Mattiesen, Teschner und Bergmann jeweils im Gutshaus Lindauhof, Lindauhof 4 in 24392 Boren / Lindaunis. Der Ort liegt am romantischem Schleiarm Lindauer Noor, unweit der Schleibrücke entfernt.

6) Die **Gärtnerei** von Gräfin Bea (Gisela Trowe) ist in 24395 Gelting zu finden, Schmidsberg 8.

5) Wenn die Bewohner von Deekelsen in der **Apotheke** ein Rezept gegen Arznei eintauschten, dann taten sie dies in Satrup. Helmut Zierl spielte den Apotheker des Schleidorfes Deekelsen. Satrup, der echte Name mit der schönen Apotheke und dem unverwechselbaren Charme, liegt im Herzen Angelns zwischen Flensburg und Kappeln. Die historische Apotheke ist in der Schleswiger Straße 1 in 24986 Satrup zu finden.

7) In den letzten Folgen der 22. Staffel hatte Maren Jantzen ihr eigenes **Restaurant „Jantzens"**. In der Realität ist dieses Restaurant nur wenige Meter vom Lindauhof entfernt und liegt direkt an der Schlei. Es heißt „Gonzos" und ist ein kleines Cafe mit Biergarten.

30

# 10 Minuten im Film – mehrere Stunden in der Realität

**8) Der Stammtisch**, an dem sich Hinnerksen, Teschner und beispielsweise die beiden Dorfpolizisten regelmäßig trafen, befindet sich in einem Hotel und Restaurant gleich neben der St. Nikolaikirche in Kappeln.

9) Die Mühle „Steinadler" liegt in einem abwechslungsreichen Feriengebiet in Angeln an der Flensburger Förde. Der nahe gelegene Strand mit seinen Steilküsten und Wäldern lädt nicht nur zum Baden ein, sondern auch zum Wandern. Haffstraße 12, 24977 Westerholz.

In den ersten Staffeln wurden in dieser Mühle Innenaufnahmen der **Kneipe von Mark Bohm** gedreht.

10) Ab 2001 wurden die Innenaufnahmen der **Kneipe von Wirt Mark Bohm** in dem „Kuhhaus" auf dem Gut Damp gedreht. Das Gut Damp ist in privatem Besitz. Es verfügt über das Restaurant „Kuhhaus" und einen Antiquitätenhandel. Der Ort Damp liegt direkt an der Ostsee.

31

**12)** Auf dem Mattiesenhof befand sich eine **Gemeinschaftspraxis**. An der Seite von Dr. Uli Teschner (Walter Plathe) praktizierte dort Dr. Moritz Roßwein (Christian Schmidt) in einigen Folgen, bevor in der Folge 182 „Über den Schatten springen" Physiotherapeut Nicolas Brenner (Manou Lubowski) die Praxis eröffnete.

**14)** Beerdigungsszenen wurden meistens auf dem Friedhof in Boren, unweit der Ortschaft Lindaunis, gedreht. **Der Friedhof** von Boren liegt auf einer Art Hügel und ist mit einer kleinen Kirche versehen. Um das Friedhofsgelände herum sind im April / Mai Rapsfelder zu bestaunen.

Eine wunderschöne Kulisse: gelbe Rapsfelder und mittendrin eine weiße Kirche.

Je nach Verfügbarkeit wurde auch der Friedhof in Ullsnis für Friedhofsszenen benutzt. Anschrift: Boren 12, 24392 Boren.

**11)** **Die Polizeistation von Deekelsen** befindet sich in Kappeln (Arnisser Straße 1). Dort machten Heitmann und Schliesser ihren Dienst, während die Deekelsener Cops Olsen und Paetz im Hauptzollamt am Hafen für Recht und Ordnung sorgten. In der Realität ist dort eine Außenstelle des Hauptzollamtes Kiel untergebracht (Am Hafen 11).

**13)** Die **Schule**, in der Annemarie Mattiesen unterrichtete, befindet sich ebenfalls in Kappeln (Gymnasium Klaus-Harms-Schule, Hüholz 13).

*Beerdigungsszene in Boren: Klatschtante Thea, Dr. Karsten Mattiesen und Pastor Eckholm.*

15) Bis Anfang der 22. Staffel hatte Maren Jantzen zusammen mit ihrer Mutter Doris den **Gasthof Jantzen**. Gedreht wurden sämtliche Innen- und Außenaufnahmen im Café Krog in Ulsnis. Während der Dreharbeiten war es nicht ungewöhnlich, wenn man die Schauspielerinnen Caroline Scholze und Erika Skrotzki dort antraf – beide Frauen waren die Hauptfiguren rund um den Gasthof Jantzen, der nur wenige Meter von der Schlei entfernt liegt. Das Gebäude ist zu finden im Kirchenholz 13 in 24897 Ulsnis.

16) Beliebte Kulisse: **Der historische Baum,** neben dem die Sitzbank stand, auf der schon Dr. Mattiesen und Olga saßen. Auch Pastor Eckholm hielt hier viele Gespräche mit seinen Gemeindemitgliedern. Zu finden sind Bank und Baum auf dem Gut Öhe bei Maasholm.

Foto: Kai Labrenz

17) In diesem Reetdachhaus (Hof Lücke, 24894 Twedt) leben Ines Halling (Daniela Hoffmann) und Jens Halling (Thomas Balou Martin). Es ist das gemeinsame **Wohnhaus des Paares Halling** und ist in der Realität in der Ortschaft Twedt (zwischen Twedt und Loit) zu finden.

18) Wenn in einer der Landarzt-Folgen der **Hafen von Deekelsen** zu sehen ist, wurde die Szene entweder am nördlichen oder südlichen Hafen von Kappeln, oder dem Segelhafen in Maasholm oder auch in Arnis (Deutschlands kleinster Stadt) gedreht. Die Werft beispielsweise ist in der Realität dort zu finden.

19) Von der 21. Staffel an diente das Restaurant im Pierspeicher als neue Kulisse für den **Stammtisch** rund um Dr. Bergmann. Idyllisch an der Schlei gelegen bot er der Filmcrew Möglichkeiten, lustige Gespräche der Deekelsener aufzunehmen.

33

20) Beliebte Kulisse, wenn Dr. Jan Bergmann mit Maren Jantzen am **Strand von Deekelsen** reitet: Falshöft. Im Hintergrund dieser Leuchtturm (Gammeldamm 5, 24395 Pommerby) und die leichte Steilküste. Viele Strandszenen wurden allerdings nicht direkt in Falshöft gedreht, weil dort der Strand relativ schmal ist. Die Filmcrew fuhr stattdessen ins wenige Kilometer entfernte Schönhagen; dort boten die Steilküste und der langläufige Strand ideale Drehbedingungen.

21) Wenn Pastor Eckholm seine Gemeinde in der **Kirche von Deekelsen** begrüßte, tat er es in der Realität in der St.-Nikolai-Kirche. Die hübsche Barockkirche befindet sich in Kappeln am Rathausmarkt und wurde von 1789 bis 1793 nach Plänen von Architekt Adam Richter gebaut. Sämtliche Innenaufnahmen wurden dort gedreht.

22) Szenen in einem **Gerichtssaal** entstanden im damaligen Amtsgerichtsgebäude in der Gerichtsstraße 1 in Kappeln. Bis 31. März 2007 diente das Gebäude als Filmkulisse, danach wurde es aufgelöst und dient seitdem als Polizeizentralstation.

23) Der Ort Deekelsen hat auch einen **Flugplatz**. In der Realität befindet er sich in der Lecker Chaussee 127 in Flensburg. Das Foto unten zeigt das Drehteam auf dem Flugplatz Schäferhaus, auf dessen Gelände immer wieder diverse Aufnahmen entstanden. Stand der Flugplatz mal nicht für einen Drehtag zur Verfügung, so wurde auf einen Flugplatz in der Nähe von Jevenstedt (Nahe dem Nordostseekanal) ausgewichen. Dies kam aber selten vor.

24) Auch die **Schleifähre** Missunde war stets beliebte Filmkulisse. Auf dem Foto unten fährt Dr. Uli Teschner mit seinem Wagen gerade mit der Fähre von der einen zur anderen Seite der Schlei.

Foto: Kai Labrenz

34

Foto: Kai Labrenz

25) Innen- und Außenaufnahmen vom **Wiesnerhof** entstanden in der Realität auf dem Gelände vom Gut Pageroe. Das historische Gutshaus ist in der Nähe von Ekenis direkt an der Schlei. Pageroe 6, 24392 Pageroe / Ekenis.

26) Wenn Dr. Herbert Roßwein in einem **Krankenhaus** operierte, tat er es in einem leer stehenden Krankenhausgebäude (Haus 1) im Klinikum Schleswig. Anfangs waren auf dem Gelände der Fachklinik chirurgische, neurologische und innere Abteilungen – also auch Operationsräume. Und genau in diesen Räumen und Sälen entstanden die meisten Innenaufnahmen des Krankenhauses von Deekelsen. In den letzten beiden Staffeln benutzte die Filmcrew auch Gebäude eines leer stehenden Krankenhauses in Berlin.

In den einzelnen Folgen fallen immer wieder Ortsnamen wie Flensburg, Kappeln, Eckernförde, Kiel oder beispielsweise Süderbrarup. Somit steht fest: Deekelsen muss irgendwo in Schleswig-Holstein sein. Unverwechselbar ist die einzigartige Landschaft an der Schlei. Überall reetgedeckte Häuser und nette Menschen. Gerade deshalb machen sich jedes Jahr Tausende von Besucher auf, das nördlichste Bundesland zu besuchen – auch noch nach Drehschluss.

Wenn dann die meist gestellte Frage in Kappeln, Eckernförde oder Süderbrarup („Wo ist Deekelsen?") mit dem Wort „hier!" beantwortet wird, verdrehen die Touristen meist ungläubig ihre Augen. Aber es stimmt! Deekelsen ist ein fiktiver Ort und auf keiner Landkarte zu finden. Deekelsen ist tatsächlich „hier", wenn ein Tourist in Kappelns Innenstadt, am Bahnhof von Süderbrarup oder am Hafen von Maasholm danach fragt. Gedreht wurde die Serie zu einem großen Teil im gesamten Stadtgebiet von Kappeln an der Schlei, aber auch an vielen anderen Orten in Angeln und Schwansen, wie Sie anhand der 26 vorgestellten Drehorte nun wissen. So kann es in der Serie vorkommen, dass ein Darsteller mit dem Fahrrad innerhalb von zehn Minuten eine Strecke bewältigt, für die er normalerweise mehrere Stunden benötigen würde. Das Hauptgeschehen von Deekelsen spielte sich im Hafenstädchen Kappeln ab. Der Stammtisch, an dem sich Hinnerksen, Teschner und beispielsweise die beiden Dorfpolizisten regelmäßig trafen, befand sich in einem Hotel und Restaurant gleich neben der St. Nikolaikirche. Gar nicht zu verfehlen, denn der Inhaber dieses Hotels wirbt mit dem Schriftzug „Landarztkneipe". Gleich nebenan steht die St. Nikolaikirche. Sie gehört zu den schönsten Barockkirchen Schleswig-Holsteins. Dort haben die Pastoren Eckholm und Engel und zuletzt Pastorin Renate Sabel ihre Predigten abgehalten. Auch das Rathaus, die Berufsschule und das Hauptzollamt von Kappeln fanden sich in Deekelsen wieder. In letzterem drehte das Filmteam Innenszenen der Polizeiwache, weil es im „echten" Revier (Arnisser Straße 1) zu eng geworden war. Wenn Dr. Teschner in der Wiederholung einen Ausflug mit einem Boot macht, legt er meist im Hafen von Kappeln ab. Aber nicht nur: Oftmals waren auch die Häfen von Eckernförde, Arnis, Sieseby und Maasholm Filmkulisse.

„Es kommt schon mal vor, dass die eine Kameraeinstellung im Hafen von Maasholm, der so genannte Gegenschuss – also die entgegen gesetzte Kameraeinstellung – hingegen im Hafen von Arnis gedreht wird", sagte ein Location-Scout im Jahr 2009 auf Nachfrage. Dies hatte meist optische Gründe. Viele Drehorte des Landarztes liegen in einem Umkreis von etwa 30 bis 40 Kilometer rund um Kappeln. Es ist eine Urlaubregion, die Strand, Rad und Wanderwege, idyllische Dörfer und Gutshäuser sowie zahlreiche Sportmöglichkeiten bietet: unter anderem Segeln, Hochseeangeln, Tennis, Reiten.

Die Seriendarsteller übten immer wieder diese und weitere typische Sportarten aus – und so manch eine Institution oder Sportstätte diente als Kulisse. Die „Landarztpraxis" befindet sich auf dem Gut Lindauhof in Lindaunis. Seit 1981 steht das Gut unter Denkmalschutz und ist in der Vergangenheit schon mehrfach Filmkulisse für verschiedene Filmprojekte gewesen. Das Hotel von Mark Bohm, welches er bis 1998 hatte, befindet sich in der Mühle „Steinadler" in Westerholz. Eine wirklich sehenswürdige Mühle, die erst im Jahr 2007 neu hergerichtet wurde. Gespräche mit dem Filmteam wurden 2008 geführt und die Hoffnung, dass die Mühle auch in neuen Folgen wieder öfter in der Serie zu sehen sein würde, bis zuletzt gehalten. Leider vergebens. Wirt Mark Bohm hatte biszuletzt ein neues Landgasthaus: es befand sich im „Kuhhaus" auf dem Gut Damp (dort wohnte auch Gräfin Bea). Das Reet gedeckte „Kuhhaus" war für Innenaufnahmen bestens geeignet.

In einigen Folgen des Landarztes fuhr schon mal der eine oder andere Zug durchs Bild. Die Familien Mattiesen und Teschner standen ab und an am Bahnsteig und warteten auf einen Zug, um dort jemanden abzuholen. Aber wo war denn der Bahnhof von Deekelsen? In Damp? In Kappeln? In Eckernförde?

Des Rätsels Lösung: Der Bahnhof von Deekelsen liegt in Süderbrarup. Oftmals drückten sich Bahnreisende die Nasen platt, wenn die Kamera auf dem Bahnsteig surrte und Dr. Teschner in den Zug ein- oder ausstieg.

Der Friedhof von Deekelsen war zu Zeiten der Dreharbeiten mal in Boren, mal in Ulsnis. Die Gärtnerei von Gräfin Bea war in Gelting zu finden, der Kräuterdoktor Hinnerksen wohnte im historischen Holländerhof in Wagersrott. Wenn Sie sich einmal auf die Bank setzen wollen, auf der schon in den ersten Staffeln Olga Platz genommen hat, dann müssen Sie nach Maasholm zum Gut Oehe fahren. Das Hotel von Hanusch steht im wirklichen Leben in Eckernförde (Hotel neben der Stadthalle). Und die Praxis von Dr. Brenner war in der Margarethenklinik in Kappeln zu finden. Der Uhrenladen „Hochneder" befindet sich in dem kleinen Ort Ulsnis.

Ein Ausflug in die Lüfte gefällig? Wenn ein Bewohner von Deekelsen mit einem Flugzeug den Ort von oben betrachtete, wurden die Aufnahmen auf dem Flugplatz Flensburg (Schäferhaus), Kropp oder bei Jevenstedt gemacht. Erkältungen, Kopfschmerzen oder einfach nur Husten kamen natürlich auch in Deekelsen vor. Wer von den Betroffenen in eine Apotheke ging, um sich mit Medikamenten einzudecken, stattete der Apotheke in Satrup einen Besuch ab. Frisches Obst und Gemüse wurde meist auf dem Wochenmarkt in Kappeln eingekauft. In älteren Folgen war auch schon mal der Wochenmarkt in Flensburg (auf dem Südermarkt) zu sehen.

Krankenhaus-Szenen wurden auf dem Hesterberg in Schleswig in einem Personalgebäude der Krankenklinik gedreht. Beliebte Kulisse waren auch das Ufer Schausende an der Flensburger Förde bei Glücksburg, die Mühle Amanda in Kappeln, der Strand von Missunde und die Apotheke im dänischen Tønder. Der Gasthof Jantzen von Maren Jantzen und ihrer Mutter Doris ist in Wirklichkeit ein Café im Ort Ulsnis oder zuletzt in der 22. Staffel ein Café gegenüber dem Lindauhof. Aber dies ist noch nicht alles. Würde man wirklich jeden einzelnen Drehort von Deekelsen wiedergeben, könnte das gesamte Buch gefüllt werden. So vielseitig und weitläufig ist Deekelsen – das gesamte östliche Schleswig-Holstein. Ein kurzer Rundumschlag auf den Spuren des Landarztes: das Ganze natürlich rezeptfrei.

# Der etwas andere Rundgang durch Kappeln

Wir lassen das Auto am Parkplatz an der Hospitalstraße (B 203) stehen. Von dort aus gehen wir stadteinwärts in die Arnisser Straße. In der Nummer 1 befindet sich die Polizeistation von Deekelsen mit den beiden Beamten Schliesser und Heitmann. Im realen Leben war es bis 2007 Kappelns Polizeizentralstation (siehe Seite 32). Wir laufen rechts weiter über den Arnisser Platz bis zur Mühlenstraße, gehen links entlang, bis wir an die Kreuzung Süderstraße kommen. Dort befindet sich ein Geschäft, welches in der Folge „Junges Gemüse" als Filmkulisse für den Landarzt, noch mit Christian Quadflieg, diente. Das Geschäft wurde im Laufe der Zeit ein wenig umgebaut, so dass es nicht gleich auf den ersten Blick zu erkennen ist. Wir folgen nun der Mühlenstraße bis wir uns einem großen Altenheim der Stadt nähern. Nicht zu übersehen ist die Mühle Amanda in der Schleswiger Straße. Hier befindet sich die Touristinformation von Kappeln. Sie werden sie sofort wieder erkennen! Bei jedem Vorspann der Serie ragt sich aus der Stadt-Silhouette heraus. Auf dem Gelände wurden zahlreiche Aufnahmen gemacht: zumeist mit Dr. Mattiesen und Dr. Teschner.

Wir gehen ein paar Meter weiter in die Gerichtstraße. Im Amtsgericht ließ sich das Ehepaar Barbara und Bruno Hanusch scheiden. Wir gehen weiter zur Abzweigung Flensburger Straße. Richtung Rathaus (auch in der Serie ist es das Rathaus) folgen wir der Straße und gehen über den großen Parkplatz,

*Links die Mühle Amanda. Das Foto oben zeigt die Polizeistation von Deekelsen. Unten ist der Südhafen zu sehen.*

überqueren die Fußgängerzone (Schmiedestraße) und laufen in die Querstraße. Nach einigen Metern erreichen wir den Deekelsen-Platz. Unweit dieses Platzes entfernt ist die St. Nicolai Kirche, in der Pastor Eckholm und Engel ihre Predigten hielten. Gleich neben der historischen Barockkirche befindet sich die Landarztkneipe. Dort hatte der Stammtisch von Deekelsen seinen Platz. Bis etwa zur 18. Staffel diente das Hotel- und Restaurant als Kulisse. Der neue Stammtisch hingegen war bis zuletzt der alte Kaispeicher, den man sehen kann, wenn man den kleinen Weg an der Kirche vorbei bis hin zum Kehrwieder entlang und die steinige Treppe hinunter zum Hafen läuft. Dann schauen wir nach links und sehen den Kaispeicher. Rechts gelangen wir zur Anlegestelle verschiedener Schiffe. Dort ist auch das Hauptzollamt Kappelns zu finden, in dem sich die Polizeistation von Deekelsen mit den beiden Beamten Sven Olsen und Dieter Paetz befand. Auch der Hafen selbst wurde oft als Filmkulisse genutzt. Dort verkaufte Fischer Kalle Opdehn seine Waren und an der Kaimauer trafen sich die Bewohner von Deekelsen zum kurzen Plausch.

Wir gehen weiter bis zum Beginn der neuen Brücke; von hier aus gehen wir am Fußweg der Hospitalstraße zu unserem Ausgangspunkt wieder zurück – der etwas andere Rundgang durch Kappeln liegt hinter uns. Und viele Drehkulissen haben uns sicher beeindruckt.

Foto: Kai Labrenz

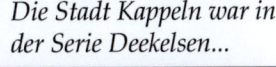

*Szenenfoto: Fischer Kalle Opdehn verkauft gerade frischen Fisch vom Kutter an Wirt Mark Bohm.*

*Die Stadt Kappeln war in der Serie Deekelsen...*

# Interview mit Wanja Teschner alias Till Demtrøder

Till Demtrøder war in der Serie der Sohn des Landarztes Dr. Uli Teschner. Als Rechtsanwalt Wanja Teschner gab er den Bürgern von „Deekelsen" Rechtsbeistand. Im Interview (geführt im Jahr 2006 während der Dreharbeiten) gab sich der Darsteller ganz persönlich.

**Till, was glaubst du, warum ist die Serie über einen so langen Zeitraum erfolgreich?**
Es ist die einzigartige Landschaft, keine Frage. Aber natürlich ist es auch die erstklassige Besetzung mit den Darstellern. Wir hatten jahrelang Gerda Gmelin und Eva-Maria Bauer dabei. Walter Plathe ist ein hervorragender Mensch und spielt die Rolle des Landarztes perfekt. Außerdem ist Heinz Reincke mit dabei – ich höre ihm gerne zu mit seiner rauen Art.

**Ihr hattet schon viele Gastrollen mit prominenter Besetzung. Welcher Prominente sollte unbedingt eine Rolle in der Serie bekommen?**
Ach, da fällt mir sofort einer ein: Der Redakteur vom Grevenbroicher Tagblatt.

**Meinst du etwa Horst Schlämmer?**
Ja, genau. Der sagt doch immer „Ich habe Rücken". Horst Schlämmer wäre doch der ideale Mann für unsere Serie. Ich glaube Horst Schlämmer wäre eine Bereicherung und der Zuschauer hätte viel zu lachen.

**Ein Drehtag schlaucht doch bestimmt ganz schön. Wie schaltest du nach Drehschluss ab?**
Ich kenne mich in Angeln schon sehr gut aus. Ich kann dort auf einem Hof reiten oder auf der Schlei segeln gehen. Das macht mir wahnsinnig viel Spaß und tut mir ganz gut.

**Als Rechtsanwalt muss man sich mit Gesetzestexten auskennen und komplizierte Sachverhalte wiedergeben – wie ist es da mit dem Lernen deiner Texte?**
Ich habe gelernt, professionell und schnell meine Texte zu lernen. Außerdem habe ich anfangs echten Anwälten über die Schulter geschaut. Es ist die Herausforderung, so authentisch wie es nur geht, vor der Kamera als Anwalt zu agieren. Ich versuche noch besser rüber zu kommen als der Autor und die Regisseure es verlangen.

**Einige Zuschauer vermissen Action in der Serie. Die Handlungen seien überwiegend nur „wer mit wem". Wie stehst du dazu?**
Es gibt genug Action im Fernsehen. „Der Landarzt" soll seinem Ruf als Familienserie gerecht bleiben. Die Autoren lassen sich gute Geschichten einfallen.

**Till, noch ein kurzes Schlusswort bezogen auf die Serie?**
Qualität setzt sich durch und ich hoffe, dass es auch so bleibt. Ich wünsche mir, dass die Zuschauer das respektieren. Das wäre toll! Dann gibt es diese Serie noch viele weitere Jahre! Es gibt leider viel zu viel – ich will mal sagen Schrott – ohne Niveau. Keinesfalls möchte ich, dass unsere Arzt-Serie zu

dieser Kategorie zählt. Bis jetzt haben wir gute Handlungen und sehr gute Schauspieler! Und das sollte auch so bleiben. **Vielen Dank, Till.**

**Zur Person:** Im Alter von elf Jahren stand Till Demtrøder das erste Mal für die Literaturverfilmung "Am Südhang" vor der Kamera. Es folgten danach ein Studium im Schauspielstudio Hamburg und verschiedene Theaterengagements. Dem Fernsehpublikum ist Till Demtrøder unter anderem aus Serien wie „Großstadtrevier", „Hallo Robbi" und „Verbotene Liebe" bekannt. Privat liebt es der Ehemann und Vater zweier Töchter sportlich: Reiten, Segeln, Kajakfahren, Snowboarden und Motorradfahren sind seine Leidenschaften. Demtrøder wohnt in Hamburg.

*Till Demtrøder spielte in der Serie „Der Landarzt" den Sohn von Dr. Ulrich Teschner und war zudem Rechtsanwalt in Deekelsen.*

# Gerhard Olschewski: „Privat schaue ich gerne ‚Little Britain' im Fernsehen"

**Zu den Einwohnern von Deekelsen gehörte Naturheilkundler („Kräuterdoktor") Alfred Hinnerksen (gespielt von Gerhard Olschewski). Bei Dreharbeiten im Jahr 2011 konnte der Autor dieses Buches einiges Privates aus dem Charakterdarsteller herauskitzeln:**

**Kräuterdoktor Hinnerksen ist seit Anbeginn der Serie dabei. Wie heißt er denn eigentlich mit Vornamen?**

Das ist eine gute Frage. Er wird mal mit Alfred, dann wieder mit Hinnerk angesprochen. Ich sage mal so:

Im Laufe der Zeit nennen mich die meisten Bewohner von Deekelsen Hinnerk. Hinnerk Hinnerksen hört sich doch viel schöner an. Es verhält sich wie mit Hamburgs ehemaligem Ersten Bürgermeister. Er heißt irgendwie Carl-Friedrich Ole Freiherr von Beust – alle nennen ihn aber Ole von Beust. Ähnlich ist es bei mir. Ich heiße Alfred, aber alle nennen mich Hinnerk.

**Wenn Sie privat durch die Straßen laufen, wie werden Sie angesprochen?**

Ganz klar: Das ist doch der Hinnerksen! Aber auch nur, wenn ich meine

41

Mütze auf dem Kopf trage. Habe ich keine Mütze auf, werde ich kaum auf der Straße erkannt. Es ist tatsächlich die Mütze, die es ausmacht!

**Sie verkörpern den Kräuterdoktor seit 1987. Nach so einer langen Zeit steckt aber auch Hinnerk Hinnerksen in Ihnen, oder?**

Das stimmt. Es ist ja so: Ich liebe diese Landschaft. Deekelsen, also Kappeln und alles was drum herum liegt, ist meine Heimat. Und Heimat ist nicht nur Landschaft, das sind auch die Menschen, die hier leben. Darum finde ich Hinnerksen so toll. Ich beobachte meine Leute hier, wie sie schnacken, wie sie leben – und das bringe ich dem Hinnerksen bei. Darin steckt auch ein leiser Zynismus und das Schöne ist: Die Menschen sind mir nicht böse. Im Gegenteil: sie amüsieren sich darüber.

**Wären Sie einmal Drehbuchautor, was würde sich bezüglich des Kräuterdoktors Hinnerksen ändern?**

In früheren Folgen gab es Gespräche zwischen Pastor Eckholm und Hinnerksen über die Frauen. Eckholm kam immer zu mir, um sich Ratschläge und Tipps zu holen. Und am Ende eines solchen Gespräches ist Hinnerk dann immer mit den Worten gegangen: "Jo, ist gut Pastor, vielen Dank und schade, dass wir beide immer so ein Pech mit den Frauen haben."

Oder so ähnlich. Das hat mir eigentlich immer großen Spaß gemacht. Ich denke, dass ich so etwas ins Drehbuch schreiben würde.

**Was sehen Sie selbst gerne im Fernsehen?**

Little Britain schau ich gern. Das zieht einem oft die Schuhe aus. Einfach toll, der Englische Humor! Unsere Serie "Der Landarzt" sehe ich auch sehr gern. Besonders schön ist es, wenn wir fast ein Jahr vorher die Folgen produzieren, bevor sie ausgestrahlt werden. Dann kommen meist tolle Erinnerungen an die Dreharbeiten hervor. Schöne Erlebnisse mit den Schauspiel-Kollegen oder dem Team.

**Herr Olscheswki, ich danke Ihnen fürs nette Gespräch.**

**Zur Person:** Gerhard Olschewski, geboren am 30. Mai 1942, kam als Elfjähriger in die Hansestadt Lübeck. Nach der Schule entschied er sich, Schauspieler zu werden, feierte erste Bühnenerfolge am Hamburger "St. Pauli Theater". Mitte der 1960er Jahre kam Gerhard Olschewski zum Fernsehen. Er gab sein Bildschirmdebüt in dem Volksstück "Das Nachtjackenviertel" (1966), erste Aufmerksamkeit erregte er dann in Dieter Wedels TV-Klassiker "Einmal im Leben – Geschichte eines Eigenheims" (1972). Es folgten im Laufe der Zeit Rollen in Erfolgsserien wie "St. Pauli Landungsbrücken", "Der Alte" oder "Ein Fall für Zwei".

*26 Jahre spielte Gerhard Olschewski den Kräuterdoktor Hinnerksen. Das Interview wurde im Jahr 2010 während der Dreharbeiten zu „Der Landarzt" in Lindaunis geführt.*

# Interview mit Schwester Gertrud alias Franziska Troegner

Und auch Schwester Gertrud gehörte zu den Bewohnern von Deekelsen. Sie wurde gespielt von Darstellerin Franziska Troegner und war als Arzthelferin an der Seite von Dr. Teschner und im Anschluss Dr. Bergmann in zahlreichen Episoden zu sehen. Bei einem Pressetermin im Jahr 2010 im Garten des Lindauhofs gab auch sie Privates bekannt.

**Bei Ihnen hat der Fernsehzuschauer meist das Gefühl, so wie in der Praxis von Dr. Bergmann müssen sie auch privat sein. Wie machen Sie es, dass es so wirkt?**

In jeder Rolle steckt schon etwas von einem selbst. Dennoch bleibt es eine Rolle, die man spielt. Und je „blöder" die Rolle dann ist, desto mehr versucht man sie zu sich herüber zu ziehen und sie sympathischer wirken zu lassen. Ich denke, dass ist das Geheimnis.

**Werden Sie oft von Passanten auf der Straße erkannt und bezüglich Ihrer Rolle angesprochen?**

Aber sicher. Viele Menschen kennen mich auch aus vielen anderen Filmen oder Serien wie „Mama ist unmöglich" und sprechen mich dann mit dieser Rolle an. Aber was die Schwester Gertrud beim Landarzt betrifft, werde ich auch erkannt.

**Gibt es für Sie eigentlich noch „die" eine große Rolle, die Sie unbedingt einmal spielen möchten?**

Also da gibt es noch viele Rollen, die mich interessieren. Gerade was das Theater anbelangt möchte ich gerne eine Rolle spielen, in dem die Zuschauer verstehen, was sie da auf der Bühne sehen. Der Zuschauer ist doch bereit und vorallem Willens, selbst die kompliziertesten und komplexesten Dinge zu verfolgen, wenn man ihn einfach nur an die Hand nimmt.

**Sie nannten eben eine Theaterolle. Wie sieht es mit dem Fernsehen aus?**

Alles was Richtung Fernsehen als Angebot kommt, schau ich mir an. Und dann entscheide ich, ob ich es annehme.

Momentan bin ich auch mit meinen Solo-Abenden unterwegs. Da spiele ich selbst den Regisseur und bastele mir aus Liedern und Texten unterschiedliche Figuren. Das gefällt den Besuchern. Und ich bin in der glücklichen Lage mir meine „Insel" zu schaffen mit dem, was mir auch Spaß macht.

**Fast zehn Jahre gehören Sie zum Ensemble vom Landarzt. Gibt es ein besonderes Erlebnis, an das Sie sich erinnern?**

Was ich an der Serie „Der Landarzt" klasse finde, sind die hervorragenden Schauspieler. Ob Heinz Reincke, Gerda Gmelin, Wolf Dietrich Berg, Gert Haucke, Gisela Trowe oder Gerhard Olschewski – viele dieser Persönlichkeiten haben in der Bundesrepublik Theatergeschichte mitgeschrieben. In unseren Drehpausen haben wir uns oft unterhalten – ihre Geschichten zu hören, war für mich immer ein Riesenspaß.

**Mit Gerhard Olschweski stehen Sie**

ja größtenteils zusammen vor der Kamera – schließlich spielen Sie beide ein Liebespaar. Wie ist die Zusammenarbeit?

Gerhard Olschewski ist ein sehr erfahrener Bühnen- und Filmschauspieler und er hat mit dem Hinnerksen eine wunderbare Figur kreiert: mit seinen vielen liebenswürdigen Merkwürdigkeiten, die für mich als Partnerin überaus bereichernd sind. Ich kann sagen, dass es mit der Partnerschaft mit ihm ein großes Glück für mich ist.

**Frau Troegner, ich danke Ihnen für das nette Gespräch.**

**Zur Person:** Franziska Troegner wurde am 18. Juli 1954 in Berlin geboren und startete ihre Karriere auf der Theaterbühne. 20 Jahre lang war sie im „Berliner

*Franziska Troegner als Schwester Gertrud.*

Ensemble". Auch als Kabarettistin macht sie sich einen Namen. Die Darstellerin hat parallel zur Bühnenarbeit mit Beginn ihrer künstlerischen Laufbahn in zahlreichen Kino- und Fernsehfilmen mitgewirkt.

# Interview mit dem Landarzt Doktor Jan Bergmann alias Wayne Carpendale

**Liebe Leser: gerne hätte der Autor dieses Buches ein Interview mit Landarzt Dr. Jan Bergmann, gespielt von Wayne Carpendale, dem Sohn von Schlagersänger Howard Carpendale, an dieser Stelle veröffentlicht. Geführt hat es der Autor am 22. Juni 2011 im Garten des Lindauhofs bei Dreharbeiten zur 21. Staffel mit dem Tenor „25 Jahre Der Landarzt". Allerdings ist es dem Autor leider untersagt, es zu veröffentlichen. Es wurde nicht autorisiert.** Dazu folgende Anmerkungen: um mit Wayne Carpendale ein Interview zu führen, ist es im Vorwege unbedingt erforderlich, dass der Redakteur eine Vereinbarung unterschreibt, dass alle Antworten von ihm vorher gegen-

gelesen werden. Erst nach einer schriftlichen Freigabe der Antworten darf ein Interview von ihm veröffentlicht werden.

Dieses Reglement führt im Vorwege die Künstleragentur Actors Connection mit Sitz in Lütjensee bei Hamburg. Per SMS musste der Autor also dieser Verpflichtung zustimmen – vorher gab es nicht einen einzigen Ton von Wayne Carpendale.

Obwohl es bei allen anderen Protagonisten nicht der Fall ist, dass ein Interview vorher durch den Schauspieler freigegeben werden muss, zeigt der Autor dafür Verständnis. Es kann schließlich immer mal etwas falsch verstanden worden sein – und bevor dann etwas Falsches in einem Interview steht, ist ein vorheriges Gegenlesen kein Problem. Es ist nur die Art und Weise, wie bestimmend das Ganze abgelaufen ist. So ist es zum Beispiel nicht üblich, dass eine schriftliche Vereinbarung unterzeichnet werden muss.

Meinung des Autors: Schauspieler können immer nett darum bitten, „einen Blick aufs Interview werfen zu dürfen, bevor es in den Druck geht". Es wäre viel menschlicher, als mit einer Art Vertrag solche Maßnahmen zu erzwingen.

Nun aber der Hammer: Der Künstleragentur dauerte es zu lange, dass der Autor sein Interview zur Freigabe an sie verschickt hat. Wörtlich schreibt ein Mitarbeiter: „Leider müssen wir Ihnen mitteilen, dass wir die Antworten aus dem am 22.06.2011 geführten Interview (...) nicht autorisieren können. Selbstverständlich hätten wir dies im angemessenen Abstand nach dem Interview getan, aber fast eineinhalb Jahre danach, sind weder die Fragen noch die Antworten zu der Serie „Der Landarzt", um die es im Text geht, zeitgemäß und inhaltlich korrekt (...)."

Dieses Antwortschreiben kann der der Autor nicht nachvollziehen. Auch das Interview von Gerhard Olschweski (am gleichen Tag geführt) hatte er übrigens erst im Folgejahr druckfertig gemacht. Warum nun ausgerechnet das Interview mit Wayne Carpendale mit dieser Begründung nicht freigegeben werden darf, ist unverständlich. Wie es auch bei allen drei anderen Interviews der Fall ist, schreibt der Autor immer dazu, wann das Interview geführt wurde. Und ob das geführte

Interview nun zwei, acht oder fünfzehn Monate später zur Freigabe an die Agentur verschickt wird, ist doch egal. Es war so oder so nicht aktuell für eine Tageszeitung geplant.

Ein freche Antwort bekam der Autor übrigens noch dazu: „Da Herr Carpendale zu dem aktuellen Anlass (das Serien-Aus, Anmerkung des Autors) bisher nur sehr vereinzelt Interviews gegeben hat, ist ein mittlerweile veraltetes Interview auch kein Türöffner für ein Weiteres (...)."

Wahnsinn. Da ist selbst der Autor sprachlos über so ein Verhalten. Was die Agentur offenbar nicht verstanden hat: alle Interviews sind „alt" und während der vergangenen acht Jahre geführt worden. Selbst das Landarzt-Buch, welches Sie in den Händen haben, ist „alt": schließlich gibt es die Serie nicht mehr. Mit der Begründung anzukommen, es läge daran, dass die Agentur das Interview vom Autor zu spät zur Freigabe bekommen hätte, ist wirklich traurig und unprofessionell.

Der Autor setzt beim Leser voraus, dass ihm klar ist, dass alle Antworten zum Zeitpunkt des Interviews aktuell waren und nun – nach dem Serien-Aus – auch ewig „alt" sein werden.

Danke, liebe Künstleragentur, für die sinnlose Zeit, die der Autor mit Wayne Carpendale im Garten des Lindauhofs verbracht hat. Hier die Fragen, dessen Beantwortung der Autor leider nicht publizieren darf: **Wenn Sie auf der Straße erkannt werden, sprechen Sie die Leute dann mit Herr Doktor an?**

Antwort nicht freigegeben.

**In Vorbereitung auf Ihre Rolle haben Sie eine Sanitäterausbildung absolviert. Hat sie Ihnen für die Rolle schon einmal geholfen?**

Antwort nicht freigegeben.

**Ist die Rolle des Landarztes Dr. Jan Bergmann eine Traumrolle für Sie?**

Antwort nicht freigegeben.

**Haben Sie ein Mitspracherecht bei den Drehbüchern beziehungsweise haben Sie Möglichkeiten Ihre Rolle mit zu gestalten?**

Antwort nicht freigegeben.

**Im Vergleich zu älteren Folgen hat sich eine Menge verändert: Der Vorspann ist dynamischer, die Titelmelodie schneller und die einzelnen Filmsequenzen sind kürzer geworden. Wie stehen Sie dazu?**

Antwort nicht freigegeben.

**25 Jahre „Der Landarzt" – damit gehört die Serie eindeutig zu den ältesten im Deutschen Fernsehen. Was macht Ihrer Meinung nach den Erfolg der Serie aus?**

Antwort nicht freigegeben.

**Es gibt Zuschauer die monieren, dass es zu wenig Action in den einzelnen Folgen gibt. In älteren Folgen gäbe es mehr Unfälle, Notfälle und für eine Arztserie typisch mehr Einsätze. Was sagen Sie dazu?**

Antwort nicht freigegeben.

**Früher gab es mehr Unfälle mit dem Einsatz des Rettungshubschraubers beispielsweise. Oder Rettungswagen sind häufiger in den Folgen vorgekommen.**

Antwort nicht freigegeben.

**In den vergangenen 25 Jahren standen schon viele Gastdarsteller vor der Kamera: Ministerpräsidenten und hochkarätige Schauspieler.**

**Wen wünschen Sie sich denn als Gast in der Serie?**

Antwort nicht freigegeben.

**Gibt es ein schönes Erlebnis, das Sie bei den bisherigen Dreharbeiten hatten?**

Antwort nicht freigegeben.

**Was reizt Sie an Ihrer Arbeit?**

Antwort nicht freigegeben.

**Wie sieht ein typischer Drehtag für Sie aus?**

Antwort nicht freigegeben.

**So ein Drehtag schlaucht sicherlich. Wie schalten Sie nach einem anstrengenden Drehtag ab?**

Antwort nicht freigegeben.

Vielen Dank, Herr Carpendale, für die netten 15 Minuten Gespräch, dessen Inhalt nur zur Hälfte veröffentlicht werden darf. Sie scheinen ein sehr wichtiger Mensch zu sein. Das merkt der Leser schon allein daran, dass allen anderen Protagonisten jeweils eineinhalb Seiten – Ihnen zweieinhalb Seiten Platz gewidmet wurde.

*Spielte in den Staffeln 18 bis 22 die Hauptrolle als Landarzt Dr. Jan Bergmann: Wayne Carpendale.*

46

**Meldungen aus Deekelsen**

## Von China bis Tschechien

Die Serie „Der Landarzt" ist auch international ein Erfolg. Nicht nur die deutschen Fernsehzuschauer begeistern sich für die Geschichten rund um die Landarztpraxis in Deekelsen. Auch im europäischen Ausland und sogar in China und Südafrika erfreut sich die ZDF-Serie „Der Landarzt" großer Beliebtheit. Die Serie wurde bisher unter anderem in folgende Länder verkauft und ist somit sehr international: China, Finnland, Frankreich, Italien, Luxemburg, Schweiz, Slowakei, Spanien, Südafrika und Tschechien.

*Walter Plathe als Landarzt Dr. Uli Teschner vor seiner Praxis.*

## Kooperation mit ORF und SF DRS

Die Staffeln 1 bis 14 sind in Koproduktion mit dem österreichischen Fernsehen (ORF) sowie dem Schweizer Fernsehen (SF DRS) entstanden.

## Der Landarzt als Werbeträger

Die Serie lockt – auch 26 Jahre nach der ersten Filmklappe – Jahr für Jahr mehrere Tausende von Touristen ins nordöstliche Schleswig-Holstein. Aus diesem Grund werden in verschiedenen Orten regelmäßig im Frühjahr Schilder mit der Aufschrift „Deekelsen" angebracht. Diese hängen unter anderem an Bushaltehäuschen (Lindaunis) oder Eingängen von Touristinformationen.

## Die Serie im Internet

1) http://derlandarzt.zdf.de/
2) http://de.wikipedia.org/wiki/Der_Landarzt
3) http://www.fernsehserien.de/der-landarzt

47

## Deekelsener Polizisten in blauer Uniform

Mit Drehbeginn der 16. Staffel bekamen die beiden Polizisten Sven Olsen (Thorsten Nindel, Foto links) und Dieter Paetz (Ulrich Bähnk, Foto rechts) neue Polizeiuniformen. Wie in der Realität auch, trugen die Beamten seitdem blaue Berufskleidung. Die Cops aus Deekelsen waren insbesondere mit der Qualität der neuen Arbeitskleidung sehr zufrieden. Sven Olsen war ganz begeistert von der eingenähten Handytasche. Aber auch die Farbe an sich hatte es dem Darsteller angetan.

Entworfen hat die dunkelblaue Polizeiuniform der Star-Designer Dr. Luigi Colani. Für die Deekelsener Polizisten gab es seitdem aber noch zwei weitere Veränderungen: Für ihre Dienstfahrten durch Deekelsen bekamen sie zusätzlich auch einen neuen Funkstreifenwagen – natürlich auch in blau – und eine neue Wache.

Weil die echte Polizeidienststelle in der Arnisser Straße 1 einfach zu klein wurde, wechselte die Filmcrew im Jahr 2007 in das Kappelner Hauptzollamt direkt am Hafen. Dort waren großzügige Räumlich- und Parkmöglichkeiten für die Filmcrew vorhanden.

## Erfinder der Serie

Erfinder und langjähriger Drehbuchautor der Serie „Der Landarzt" war Herbert Lichtenfeld. Die Geschichten um den Arzt Dr. Mattiesen (Christian Quadflieg), Dr. Uli Teschner (Walter Plathe) und von Staffel 18 bis 22 Dr. Jan Bergmann (Wayne Carpendale) im fiktiven Städtchen Deekelsen (Schleswig-Holstein) konnten nur realisiert werden, weil Herbert Lichtenfeld die Grundidee für diese Arzserie hatte.

Bis 1997 schrieb Lichtenfeld für die Serie die Drehbücher. Im Jahr 2001 verstarb Lichtenfeld in Hamburg.

*Die Hauptdarsteller der Serie auf dem Lindauhof im Jahr 2006.*

## Pastor Eckholm

Er verkörperte Jahre lang den Pastor Albert Eckholm und avancierte sogar zum Bürgermeister von Deekelsen. Im Jahr 2009 stand Heinz Reincke zuletzt für Dreharbeiten zur 19. Staffel vor der Kamera. Mit damals 84 Jahren war Eckholm der älteste Bewohner von Deekelsen. Reincke zog sich ab 2009 wegen einer schweren Krankheit immer mehr zurück. 86-jährig verstarb er am 13. Juli 2011 in der Nähe von Wien.

# 26 prominente Gastdarsteller beim Landarzt

1

**Mike Krüger** (Mitte) spielte in der Folge „Hoher Besuch" sich selbst und verbrachte seinen Urlaub im schönen Deekelsen. An seiner Seite sitzen Landarzt Dr. Uli Teschner (links) und Kräuterdoktor Alfred Hinnerksen.

2

3

4

Ein seltenes Unterfangen: **Schleswig-Holsteins Ministerpräsident Peter-Harry Carstensen** hielt bei Dreharbeiten für den Landarzt die (Film-) Klappe...

**Günter Kütemeyer** spielte in der Folge „Herzensangelegenheiten" im Jahr 1992 den Bewohner von Deekelsen, Olaf.

**Peter Heinrich Brix** spielte mehrfach mit einer Gastrolle beim Landarzt mit: Er tauchte als Bewohner von Deekelsen Roland Petersen auf, spielte den Bauarbeiter Albert und war als Postbote zu sehen. Zudem spielte er einen Autoverkäufer.

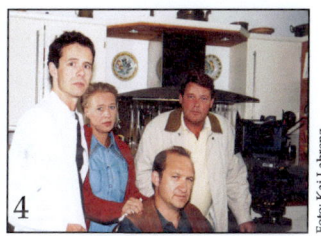

Auch **Jan Fedder** spielte mit: er trat mit einer Gastrolle in der Folge „Der Lockvogel" im Jahr 1987 auf.

5

**Ursela Monn** besuchte 1999 das beschauliche Deekelsen und tauchte dort als Evelin Sundermann auf.

6

*Stattete dem Land-arzt 31 Besuche ab:* **Aline Hochscheid**. *Sie spielte in 31 Episo-den Vera Martens, Freundin von Moritz Roßwein.*

**Ben Becker** *spielte in insge-samt zehn Fol-gen im Jahr 1989 (Ausstrahlung) Fritz „Fritze" Friedrichsen.*

*Gastrolle:* **Frank Schröder** *spielte in der Folge „Mißver-ständnisse" (1989) einen Kommissar und in der Folge - „Her-zensangelegenheiten" (1992) den Detektiv Jentsch.*

**Horst Janson** *spielte von 1989 bis 1996 in fünf Folgen den Bewohner von Deekelsen Jesper Jensen.*

**Katharina Schubert** *spielte 1989 Gabi Sörensen.*

*Tauchte als Herr Lar-sen in Deekelsen auf:* **Edgar Hoppe**.

**Volker Brandt** *spielte den Bewohner von Dee-kelsen, Lasse Grünberg.*

**Marion Kracht** *spielte als Jana Wegener mit.*

15

16

17

18

**Marek Erhardt** *besuchte Deekelsen in der Folge „Familienfragen" (2007) als Michael Fischbach, in „Ein Fremder im Haus" (1990) als Paule und in „Das Angebot" (1990) als Helfer.*

**Mariella Ahrens** *spielte als Yvette Lange unter anderem in „Geburtstag" (2002), „Sommertagsliebe" (2002), „Ein Wort nur, ein Wort (2002) und „Alte Freunde" (2002) mit.*

**Helmut Zierl** *war als Apotheker Kroll in den Staffeln sechs und sieben in der Serie zu sehen.*

**Karin Eickelbaum** *tauchte als Marietheres Sabel unter anderem in „Süße Geheimnisse" (2004) und „Loslassen" (2004) auf.*

19

20

21 22

Foto: Kai Labrenz

**Muriel Baumeister** *spielte in den Jahren 1992 und 1993 Franziska.*

**Björn Engholm** *spielte als sich selbst eine Gastrolle beim Landarzt.*

**Ludger Pistor** (links) *spielte in 14 Folgen den Pastor Hannes Kolbe.* **Peter Prager** *spielte als Prof. Dr. Felix Osterloh in 31 Folgen mit.*

23

Foto: Kai Labrenz

**Karin Düwel** *spielte von 1995 bis 1999 Dr. Lilli Schwarzenberg-Teschner.*

24

**Edgar Bessen** *tauchte in den Folgen „Sag das noch mal" (1999) und „Unverhoffter Besuch" (1999) als Rechtsanwalt Brodersen in Deekelsen auf.*

Foto: Kai Labrenz

25

**Jens Eulenberger**
*spielte Hannes Gro-*
*thusen.*

Foto: Kai Labrenz

26

**Michael Lesch**
*wirkte in einer Gastrolle*
*im Jahr 2004 in der Folge*
*„Zwei gute Freunde" als*
*Herrn Wilbrandt mit.*

Alle Darsteller – sowohl
die Darsteller ab Seite 11
als auch die Gastdarstel-
ler – stellen nur eine kleine Auswahl dar.

# Fernseh-Ärzte besuchen Deekelsen

Prof. Brinkmann wurde in der Folge
„Millimetersache" (Ausstrahlung 2001)
als Eginhard „Egi" Kremmel zum Hei-
ratsschwindler. Zahlreiche Schaulustige
konnten den sympathischen Schauspieler
**Klausjürgen Wussow** bei den Dreharbeiten im Eckernförder Hotel „Seelust"
erleben. Bei windigem Wetter wurde
auf der Terrasse des Hotels eine Szenen
aufgenommen. Dort sorgte er als Heirats-
schwindler in Deekelsen für viel Unruhe.
Gerade aus dem Knast freigekommen
wollte er seine „alte Liebe", Dr. Jens Kas-
perkis neue Schwester Gertrud (Franziska Troeger), zurückerobern. Unter der
Regie von Sabine Landgraeber versuchte
Klausjürgen Wussow als Charmeur mit
ein paar Rosen in der Hand sein Glück.

Foto: Kai Labrenz

Und auch der Bergdoktor Thomas Burgner alias **Gerhard
Lippert** kam in die Praxis des
Landarztes Dr. Teschner. In den
Folgen „Schusswechsel", „Ge-
heimnisträger", „Klipp und
klar", „Anfangsschwierigkeiten"
und „Besuch aus der Vergangenheit" besuchte er als Gunnar
Wintersdorf den Schleiort Deekelsen. Das Foto oben zeigt Luise
Bähr als Arzthelferin Ramona mit
den Eltern von Anne Heligpeter
(gespielt von Renate Schröter
und Gerhard Lippert).

Foto: Kai Labrenz

52

# Fotovisite beim Landarz – eine Bildnachlese

Deekelsen
Kreis Schleswig-Flensburg

Dr. med.
K. Mattiesen
prakt. Arzt

Sprechstd.: 8 – 12 Uhr
Di. und Do. 16 – 19 Uhr

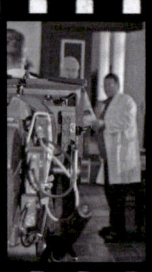

Alle Fotos auf dieser Seite sind vom Fotografen Kai Labrenz

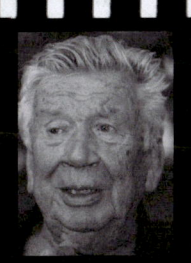

**Deekelsen**

Kreis Schleswig-Flensburg

Alle Fotos auf dieser Seite sind vom Fotografen Kai Labrenz

Alle Fotos auf dieser Seite sind vom Fotografen Kai Labrenz

Alle Fotos auf dieser Seite sind vom Fotografen Kai Labrenz

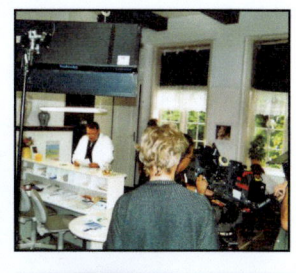

Hatte im Jahr 2008 seine Praxis noch geöffnet: Dr. Jan Bergman alias Wayne Carpendale.

Der Bürgermeister von Deekelsen, Albert Eckholm (gespielt von Heinz Reincke), genießt eine Zigarre.

# 26 Jahre – 26 (Liebes-) Paare

Wer mit wem: In den 26 Jahren gab es interessante Liebespaare in den einzelnen Folgen zu sehen. An dieser Stelle 26 ausgewählte, alle mit ihren Rollennamen versehen.

1) Dr. Karsten Mattiesen und Annemarie Mattiesen
2) Dr. Uli Teschner und Jutta Wegener (Schwester Jutta)
3) Alfred Hinnerksen und Gertrud Hinnerksen (Schwester Gertrud)
4) Jeanette Wegener und Peer Moser
5) Bruno Hanusch und Barbara Hanusch

6) Dr. Uli Teschner und Annemarie Mattiesen
7) Alfred Hinnerksen und Grete Hinnerksen
8) Bruno Hanusch und Saskia Hanusch
9) Kerstin Mattiesen und Uwe Kuss
10) Prof. Dr. Moritz Roßwein und Veronika ,Vroni' Schickel

11) Alfred Hinnerksen und Elke Hinnerksen
12) Maren Jantzen und Dr. Jan Bergmann
13) Gräfin Bea und Hugo Cornelsen
14) Inken Bohm und Mark Bohm
15) Dr. Uli Teschner und Anne Helligpeter

16) Henner Bold und Tina Christiansen
17) Eike Mattiesen und Veronika ,Vroni' Schickel
18) Dr. Uli Teschner und Elsa Teschner
19) Wally Reinders und Alfred Hinnerksen
20) Paula Huber und Wanja Teschner

Foto: Kai Labrenz

21) Pastor Albert Eckholm und Ina Eckholm
22) Gitte Sørensen und Hannes Grothusen
23) Anton Fletsch und Maria Fletsch
24) Else Hildegard Jürgens und Fährmann Alois Patzner
25) Ines Halling und Jens Halling

26) Dr. Uli Teschner und Dr. Lilli Schwarzenberg-Teschner

Foto: Kai Labrenz

# Das große
# Landarzt
# A B C

**A**ngeln – das bedeutet nicht nur Fische fangen, so heißt die Landschaft zwischen der Schlei und Flensburger Förde: In Angeln kann man bis nach Dänemark sehen. Jährlich machen Tausende von Menschen in der Region Angeln Urlaub.

**A**ction – auch in einer „heilen" Familienserie gibt es dramatische Situationen. Eine stürmische Autofahrt wurde für den Landarzt und Lilli Schwarzenberg zum Verhängnis. In einer scharfen Kurve flogen sie durch die Luft und landeten auf einem Acker. Drei Kameras hielten gleichzeitig diesen Stunt für die 100. Folge fest. Zudem musste schon oftmals der Rettungshubschrauber in Deekelsen landen und die Besatzung Erste Hilfe leisten.

**A**rc – Der Begriff Arc beschreibt im Zusammenhang mit TV-Serien den Handlungsbogen. Beim Landarzt gab es in den 26 Jahren vermehrt gleichbleibende Charaktere. Man spricht beim Landarzt von einer Arc-Serie, auch wenn sich beispielsweise viele Paare getrennt oder Figuren durch Neubesetzungen verändert wurden.

**B**eginn – am 28. April 1986 fiel auf Gut Lindauhof die erste Filmklappe. Knapp ein Jahr später, am 10. Februar 1987, wurde der Pilotfilm mit zwei Folgen der ersten Staffel ausgestrahlt. Es folgten 13 weitere Folgen à 45 Minuten. Nach dem Filmtod von Ur-Landarzt Christian Quadflieg übernahm Walther Plathe 1991 die Hauptrolle. Im Jahr 2007 übernahm Wayne Carpendale die Rolle des Landarztes. Bis zum 2. Oktober 2012 praktizierte er in Deekelsen als dritter Landarzt in dem gemütlichen Schleidorf. Die Folgen, die im Jahr 2012 produziert wurden, wurden im Jahr 2013 ausgestrahlt.

**C**rew – sie besteht aus vielen Mitgliedern: Schauspieler, Maskenbildner, Kameramann, Beleuchter, Fahrer für die Darsteller, Aufnahmeleiter, Tontechniker und Requisiteur.Nicht zu vergessen der oder die Regisseurin, sowie Produktionsleiter und viele Menschen, die Straßen absperren oder für sonstige Angelegenheiten abgestellt werden. In der Regel bestand die Landarzt-Crew aus etwa 20 Mitarbeitern, die direkt am Set zu finden waren. Hinzu kamen noch weitere Personen im administrativen Bereich. Einige Mitglieder des Filmstabs waren schon seit vielen Jahren, zum Teil sogar von Anfang an dabei. Es war schon ein bisschen wie in einer Familie.

**D**rehbücher – wurden unter anderem von Bernd Schirmer, Jochen Hauser, Uli Wohlers, Daniel Keil, Ruth Rehmet, Milena Baisch, Oliver Rauch, Mites van Oepen, Manfred Kosmann, Michael Müller und beispielsweise Maike von Haas geschrieben. Es kam schon mal vor, dass sie noch während der Dreharbeiten umgeschrieben werden mussten, wenn zum Beispiel ein Schauspieler zwischenzeitlich verstarb.

**D**irectors Cut – Eine Folge, wie sie schlussendlich im Fernsehen zu sehen war, entsprach nicht immer den Vorstellungen des Regisseurs. So betraf es unter anderem die Anzahl der verwendeten Szenen oder die so genannten E-Shots. Dies sind bei Filmen oder Serien Einstellungen, die als zeitlose Zwischeneinblendungen verwendet werden. Beim Landarzt waren es zum Beispiel Außenansichten des Landarzt-Hauses oder auch einfach ein Rapsfeld.

**D**eekelsen – war eine Erfindung des Autors und auf keiner Landkarte zu finden. Gedreht wurde in 26 Jahren die Serie zu einem großen Teil in Kappeln an der Schlei und an vielen anderen Orten im Kreis Schleswig-Flensburg. Es kam auch vor, dass im benachbarten Dänemark oder in Flensburg, Kiel, Glücksburg, Hamburg, sowie im Kreis Rendsburg-Eckernförde gedreht wurde.

**D**VD – alle Folgen der insgesamt 22 produzierten Staffeln gibt es auf DVD.

**E**rfolg – Der Landarzt ist eine der erfolgreichsten Arztserien im deutschen Fernsehen. Die norddeutsche Lebensart und der trockene, verschmitzte Humor zählen ebenso wie die schleswig-holsteinische Landschaft mit ihren lieblichherben Charme zu den gewünschten Zutaten der Serie. Gute Schauspieler und gute Bücher ergänzen den Erfolg.

**F**olge – Auch beim Landarzt gibt es eine klare Struktur: die Serie ist die gesamte Produktion von der ersten bis zur letzten Filmminute.

Dabei unterteilt sich die Serie in 22 Staffeln, die pro Saison erstellt und ausgestrahlt wurden. Jede einzelne Staffel ist eine Zusammenstellung der jeweiligen Folgen. Beim Landarzt waren es überwiegend zwöf oder fünfzehn Folgen pro Staffel. Insgesamt gibt es 297 Folgen.

**F**ans – sobald irgendwo eine Kamera aufgestellt wurde, die Beleuchter ihr Licht ausrichteten, dauerte es nicht lange bis die ersten Fans kamen, um die Dreharbeiten live mit zu erleben und vor Ort beim Landarzt dabei zu sein.

**F**lughafen – wenn ein Bewohner von Deekelsen mit einem Flugzeug startete oder landete, machte er es in der Realität in Flensburg. Der dortige Flugplatz Schäferhaus wurde oftmals als Kulisse benutzt.

**F**ilmklappe – vor jeder Einstellung wurde sie von einem Assistenten „geschlagen". Auf der Filmklappe befinden sich generell Angaben wie Ort, Datum, Szene und die Anzahl an Wiederholungen einer Szene. Zudem ist der Name des Regisseurs und des Kameramanns zu lesen.

**F**ilmset – Das Filmset bezeichnet in der Regel die Gesamtheit der an einem Drehort agierenden Personen, der technischen Ausrüstung und aller Dinge (Fuhrpark, Requisiten, etc.), die zum Drehen eines Films notwendig sind.

**G**astrollen – auch wenn es nur ein kleiner Auftritt war, viele Schauspieler besuchten den Landarzt wie beispielsweise Jan Fedder, Horst Frank, Klausjürgen Wussow, Horst Janson, Hellmuth Lange und Mike Krüger. Aber auch Ben Becker, Dieter Krebs, Herbert Hermann, Michael Lesch, Hans Clarin, Peter Heinrich Brix und viele mehr waren schon in Deekelsen zu Gast.

**G**eräuschkulisse – Sie umschreibt die Summe aller Geräusche, die in der Serie eingesetzt wurden oder – die in der ersten Version der Nachproduktion (Post-Produktion) zu

hören war. Wind, Dialoge der Darsteller oder Vögel waren es zumeist.

**H**afen – was die Zuschauer nicht wissen können, „Deekelsen" hat nicht nur einen Hafen, je nach Drehbuchvorlage werden die Häfen von Kappeln, Arnis, Maasholm und Eckernförde ins rechte Licht gerückt.

**I**dee – Vater und Erfinder der Serie „Der Landarzt" ist Herbert Lichtenfeld. Er schrieb die ersten 61 Folgen und zwei Pilotfilme. Bekannt wurde er durch „Die Schwarzwaldklinik" mit Klausjürgen Wussow und der Tatortfolge „Reifezeugnis", mit Christian Quadflieg und Nastassja Kinski. Am 11. Dezember 2001 verstarb Herbert Lichtenfeld nach schwerer Krankheit im Alter von 74 Jahren.

**I**MDB – eine der größten Filmdatenbanken im Internet mit Infos zu Schauspieler, Filme und Biografien.

**J**ubiläum – 2001 gab es gleich zwei Jubiläen zu Feiern: Seit 15 Jahren gibt es den Landarzt und seit zehn Jahren behandelt Walter Plathe als Dr. Ulrich Teschner nicht nur die Krankheitsfälle seiner Patienten, sondern sorgt sich um alles im Örtchen. Auch 2006 wurden zwei weitere Jubiläen gefeiert: Die 200. Folge wurde in Deekelsen abgedreht und in Hamburg feierte das Produktions- und Landarzt-Team sein 20. Bestehen.

**K**latschtanten – sie waren das tratschende Trio: Thea (Evelyn Hamann), Berta (Gerda Gmelin) und Frau Sellmann (Eva-Maria Bauer). Sie standen in den ersten beiden Staffeln als typische Klatschtanten in Deekelsen vor der Kamera. Frau Sellmann spielte noch bis zur 15. Staffel mit. Nach dem Tod der Drei wurden diese Rollen nicht wieder besetzt.

**K**omparse – immer wenn in Kappeln und Umgebung neue Landarztfolgen aufgenommen wurden, suchte das Produktionsteam einige Statisten. Es waren kleine, stille Rollen im Hintergrund, wie beispielsweise den Schauspielern beim Spaziergang entgegenzulaufen, oder in der Landarztpraxis im Wartezimmer zu sitzen.

**K**ostüme – nach Bekanntwerden des Serien-Aus wurden Kostüme und Requisiten in Kappeln verkauft.

**L**andarztpraxis – sie befindet sich im Gut Lindauhof in Lin daunis an der Schlei. Das Herrenhaus ist auch unter dem Namen „Dänisch Ninhof" bekannt. Zwei Praxen befinden sich auf dem Mattiesenhof: die von Dr. Ulrich Teschner und dem Physiotherapeuten Nicolas Brenner. Seit 1981 steht das Gut unter Denkmalschutz

und wirkte in der Vergangenheit schon mehrfach als Filmkulisse für verschiedene Filmprojekte mit.

**L**icht – bei Filmaufnahmen spielt das Licht eine erhebliche
Rolle. Auch wenn die Sonne scheint, werden zusätzliche Scheinwerfer aufgebaut. Was für den Laien meist zu Unverständnis führt, sind Scheinwerfer elementar. Wo viel Licht durch Sonneneinstrahlung vorhanden ist, fällt auch Schatten. Um genau diesen Schatten im Gesicht des Darstellers wegzubekommen, wird mit Gegenlicht gearbeitet.

**L**ocation – Mit diesem Bregriff ist der Drehort gemeint, der für bestimmte Szenen verwendet wird. Zuständig für die Auswahl der Locations ist ein Location-Scout, der sich auf Basis des Drehbuches überlegen muss, wo die Produktion welche Szenen drehen kann. Dabei spielen Parkplatzsituation, Verfügbarkeit oder beispielsweise die Größe der Fläche / des Raumes eine große Rolle. Auch das Budget entscheidet tatkräftig mit, wo das Filmteam Außendrehs durchführt oder ob stattdessen im Studio gedreht wird. In den meisten Fällen wurde der Landarzt an Originalschauplätzen und nicht in einem Studio gedreht.

**M**askenbildner – sind bei Filmaufnahmen unabdingbar. Damit die Schauspieler im Fernsehen so rüber kommen, wie sie in Wirklichkeit sind, müssen sie geschminkt werden. Ansonsten würden sie auf dem Bildschirm glänzen und eine „falsche Hautfarbe" haben.

**M**usik – die Titelmelodie für die Serie schrieb der erfolgreiche Komponist und Bandleader James Last.

**N**achwuchsschauspieler – beim Landarzt ist der Generat ionswechsel schon zu erkennen. Viele
junge Schauspieler und Schauspielerinnen wie Luise Bähr und Andreas Bisowski gaben beim Landarzt ihr Fernsehdebüt.

**N**ebendarsteller – der wohl berühmteste Patient beim Landarzt war der damalige Ministerpräsident von Schleswig-Holstein, Björn Engholm. Im Jahr 2006 bekam aber auch Ministerpräsident Peter Harry Carstensen eine Nebenrolle. Er spielte sich selbst und musste von Dr. Uli Teschner untersucht werden.

*Walter Plathe bekommt Regie-Anweisungen auf der Treppe zur Landarzt-Praxis.*

**O**n-Set-Dekorateur – Bei der Produktion einer TV-Serie gibt es Produktionsdesigner, Bühnenausstatter, Set-Designerin und andere Mitglieder eines Teams, die die Bühnenbilder im Vorwege planen und gestalten. Am Set selbst ist der On-Set-Dekorateur, der situativ schnell handeln kann, wenn die Dekoration geändert werden soll. Große Veränderungen sind eher selten, denn der Regisseur spricht sich im Vorfeld mit dem Produktionsdesigner ab.

**O**riginale – die Folgen des Landarztes wurden nicht in Studios aufgenommen. Alle Räumlichkeiten waren Originale und wurden fernsehgerecht ausgeleuchtet. Das Team drehte ausschließlich vor Ort in der Region des nordöstlichen Schleswig-Holsteins!

**P**roduktion – Anfangs wurde die Arztserie von der Terranova Film- und Fernsehproduktion Otto Meissner KG produziert. Ab der 14. Staffel wurden die Landarzt-Folgen von der Auftragsproduktion der Novafilm Fernsehproduktion GmbH, Berlin gedreht. Sie gehört zum Produktionshaus Odeon Film AG mit Sitz in Berlin.

**P**ostkarten – auch wenn „Deekelsen" nur eine Fiktion ist, können Touristen und Einheimische „Schöne Seriengrüße aus „Deekelsen" in alle Welt verschicken.

**P**aare – viele Filmpaare waren beim Landarzt zu sehen:

Dr. Karsten Mattiesen (Christian Quadflieg) und Annemarie Mattiesen (Gila von Weitershausen), Mark Bohm (Hans-Georg Panczak) und Inken Eckholm-Bohm (Andrea Schober), Bruno Hanusch (Gert Haucke) und Barbara Hanusch (Angelika Milster), Kräuterdoktor Hinnerksen (Gerhard Olschewski) zuerst mit Elke Hinnerksen (Katarina Jakob) danach mit Schwester Gertrud (Franziska Troegner), Dr. Ulrich Teschner (Walter Plathe) zuerst mit Dr. Lilli Schwarzenberg (Karin Düwel), anschließend mit Schwester Jutta (Katharina Thayenthal). In ganz neuen Folgen war er mit Anne Helligpeter (Sabine Bach) zusammen. Auch Dr. Jan Bergmann (Wayne Carpendale) hat eine Paartnerin an seiner Seite: Maren Jantzen (Caroline Scholze). Lesen Sie dazu bitte auch die Seite 72.

**P**olizei – Auch der Filmort Deekelsen hat eine eigene Polizeistation. In den ersten Staffeln war sie in der „echten" Polizeistation Kappeln in der Arnisser Straße 1 untergebracht. Zu Zeiten Dr. Bergmanns war die Polizei am Hafen von Kappeln zu finden.

*Im Eingangsbereich der Polizeistation hing dieses Schild. Nach Drehschluss wurde es wieder abmontiert.*

**Q**uerdenker – war in der Serie der Kräuterdoktor Alfred Hinnerksen. Er war immer anderer Meinung wie der studierte Doktor (ob Mattiesen, Teschner oder Bergmann). Mitunter musste auch er einsehen, dass seine Kräuter nicht immer weiterhelfen konnten.

**Q**uote – die Quote ist für eine Fernsehsendung oder –serie ganz elementar. Ausgesuchte Zuschauer geben Auskunft über ihr Fernsehverhalten. Wie lange haben sie welche Sendung oder Serie geschaut – daraus ermittelt sich im Wesentlichen die Quote. Die Serie „Der Landarzt" sahen etwa vier Millionen Zuschauer – pro Folge.

**R**egie – Wolfgang Luderer war der erste Landarztregisseur, es folgten Christian Quadflieg, Franz Josef Gottlieb, Werner Dauth, Bodo Schwarz, Michael Zens, Frauke Thielecke, Ulrike Hamacher, Hartwig van der Neut, Thomas Durchschlag, Dominikus Probst, Klaus Gendries, Manfred Mosblech, Peter Altmann, Sabine Landgraeber, Gunter Krää, Axel de Roche, Wolfgang Münstermann und Hans Werner. 26 Autoren schrieben die Drehbücher zur Serie.

**S**tammtisch – in einem Hotel und Restaurant in der Innenstadt von Kappeln, direkt am Rathausmarkt, traf sich der „Deekelsener" Stamm-

*Dreharbeiten an der Kieler Förde: Schwester Jutta (Katharina Thayenthal) sitzt auf der Decke. Dr. Uli Teschner (Walter Plathe) stößt dazu...*

tisch zu einem ausgiebigen Klöön-schnack.

**T**itelrolle – die Titelrolle ist eine Hauptrolle in einem Spielfilm oder einer TV-Serie, die gleichzeitig verantwortlich dafür zeichnet, dass der Film oder die Serie den gleichen Namen trägt. Bei „Der Landarzt" ist der Landarzt die Titelrolle...

**T**railer – Die Fernsehanstalt weckt mit so genannten Trailern (umfasst einige Szenen einer Folge und gibt damit einen ersten Einblick) im Vorwege Interesse auf einzelne Landarzt-Folgen.

**T**rauer – gab es, als Antje Weisgerber aus gesundheitlichen Gründen aus der Serie ausstieg. Als Olga Mattiesen war sie die gute Seele vom Mattiesenhof und liebte ein volles Haus mit vielen jungen Menschen. Die Trauer festigte sich, als die beliebte Schauspielerin verstarb. Auch als Eva-Maria Bauer nach schwerer Krankheit in Hamburg verstarb, wurde am Set getrauert. Das Landarzt-Team trauerte zudem allen anderen Schauspielern nach, die in der Serie mitwirkten: Evelyn Hamann, Karin Eickelbaum, Wolf-Dietrich Berg. Lesen Sie dazu ab Seite 83.

**U**nfall – wenn es auf den Straßen zu Unfällen kam wurde schnell ein Arzt geholt. So mussten Landarzt Dr. Mattiesen, Dr. Uli Teschner und Dr. Bergmann des Öfteren mit dem Dienstwagen ausrücken. Schwäche oder Ohnmachtsanfälle, sowie Fahrradstürze gehörten dazu.

**V**erkauft – wurde die Serie „Der Landarzt" mittlerweile unter anderem in die Länder China, Finnland, Frankreich, Tschechien, Luxemburg, Italien, Spanien und Südafrika. Im Ausland erreicht die Arztserie ebenfalls – wie in Deutschland – eine hohe Einschaltquote.

**W**andern – auf den Spuren des Landarztes – einheimische Busunternehmen bieten unter diesem Motto Tagesausflüge an.

**W**erbung – auch die öffentlich rechtlichen Sendeanstalten müssen im Konkurrenzkampf mit den Privaten überleben.

Glücklichweise gibt es im ZDF im Vorabendprogramm nur eine Werbeunterbrechung während der einzelnen Folgen. In einigen Wiederholungen entfällt die Werbung gänzlich.

Zukunft – für die Serie gibt es keine. Am 3. Oktober 2012 wurde das Serie-Aus von der Produktionsfirma und der ausstrahlenden Sendeanstalt verkündet.

Zeitung: Auch ein fiktiver Ort wie „Deekelsen" hat für seine Bewohner eine eigene Zeitung: der „Deekelnser Bote", der viele Neuigkeiten brachte und über das aktuelle Tagesgeschehen berichtete. Während der Dreharbeiten wurde sie eigens dafür gedruckt. Der rasende Reporter ist Hagen Dröge (Lutz Mackensy). In den ersten Folgen war er oft zu sehen – Seit den 1990er Jahren hielt er sich rar im schönen Deekelsen.

# In Deekelsen gestorben
## 26 Jahre – 26 Verstorbene

Der Tod gehört zum Leben dazu. In den 26 Jahren, in denen die Serie „Der Landarzt" produziert wurde, sind – zum Teil während der Dreharbeiten – einige Schauspieler verstorben. Und nicht nur das: auch der Erfinder und Drehbuchautor Herbert Lichtenfeld ist mittlerweile (11. Dezember 2001) verstorben. In Gedenken an allen Verstorbenen aus Sicht der Rollenfigur folgende Seiten...

**1) Bäcker Ehlers**, gespielt von Joachim Wolff (1987 bis 1989) lebt nicht mehr. Der Hörspielsprecher und Schauspieler verstarb am 30. November 2000 in Stargard.

**2) Klatschtante Berta Rogalla** ist tot. Zusammen mit Frau Sellmann und Thea Abdoll fragte sie in 86 Folgen ganz ungeniert nach dem „wer mit wem" in Deekelsen. Berta Rogalla heißt im wirklichen Leben Gerda Gmelin (links) und war dem Zuschauer aus mehreren Serien bekannt. Sie wurde am 23. Juni 1919 in Braunschweig geboren und verstarb am 14. April 2003 in Hamburg. Ihr Grab befindet sich auf dem Hauptfriedhof Ohlsdorf in Hamburg.

**3) Thea Abdoll** lebt ebenfalls nicht mehr. Zusammen mit Frau Sellmann und Berta Rogalla gehörte Thea Abdoll zu den Klatschtanten von Deekelsen. Wenn ein neuer Bewohner ins beschauliche Deekelsen zog, wurde er genauestens begutachtet und Gerüchte über ihn in Umlauf gebracht. Gespielt wurde Thea Abdoll von Evelyn Hamann (rechts), die am 28. Oktober 2007 in Hamburg einem schweren Krebsleiden erlag. Bekannt wurde Evelyn Hamann unter anderem aus der Arztserie „Schwarzwaldklinik".

**4)** Ex-Pastor und **Bürgermeister von Deekelsen, Albert Eckholm** ist tot. In 229 Folgen (Ausstrahlung von 1987 bis 2010) verkörperte der Schauspieler Heinz Reincke den typisch norddeutschen Albert Eckholm. Dem Fernsehzuschauer ist Reincke unter anderem aus „Zwei Münchner in Hamburg" (1989), „Die Brücke von Remagen" (1969) und „Heimatgeschichten"

(1995 bis 2004) bekannt. Der Charakterdarsteller (1925 in Kiel geboren) verstarb am 13. Juli 2011 in Purkersdorf bei Wien nach langem Lungenkrebsleiden. Die Rolle des Bürgermeisters von Deekelsen in „Der Landarzt" war seine letzte Fernsehrolle.

**7) Olga Mattiesen** gehört seit 29. September 2004 nicht mehr zu den Bewohnern von Deekelsen. Von 1986 bis 1998 spielte sie mit großer Begeisterung die Rolle der Olga Mattiesen im "Landarzt". 1999 kam dann das plötzliche Aus. Ärzte stellten bei Antje Weisgerber einen Tumor im Kleinhirn fest. Zwar ging der Tumor durch eine Strahlenbehandlung zurück, doch konnte sie nicht mehr als Schauspielerin agieren. Aus diesen gesundheitlichen Gründen musste Antje Weisgerber aus der Landarzt-Produktion aussteigen. Sie war nicht nur die Seele vom Mattiesenhof.

Nein – vom gesamten Landarzt-Produktionsteam ist zu hören: „Olga ist nicht zu ersetzen..." Antje Weisgerber liegt auf dem Berliner Friedhof Dahlem.

**5)** In 103 Folgen ging er als **Polizist Karl Heitmann** auf Streife: Jens Scheiblich. Der vorallem aus dem Ohnsorg-Theater bekannte Schauspieler starb am ersten Weihnachtstag 2010 im Alter von 68 Jahren nach schwerer Krankheit in Hamburg. Scheiblich wirkte in zahlreichen Serien wie „Rettungsflieger", „Die Männer vom K3" oder „Detektivbüro Roth" als Gastdarsteller mit.

**6)** Der **Verleger Wilhelm Fletsch** (15 Folgen von 1987 bis 1989) lebt ebenfalls nicht mehr. Verkörpert wurde diese Rolle von Schauspieler und Synchronsprecher Wolfram Schaerf, der am 24. April 1992 starb.

**8)** Auch **Gräfin Bea** gehört nicht mehr zu den Bewohnern von Deekelsen, betreibt nicht mehr ihre kleine Gärtnerei. Am 5. April 2010 verstarb Gisela Trowe, die seit 1987 als Gräfin Bea vor der Kamera stand, im Alter von 87 Jahren an einem Herzversagen in Hamburg. Vor allem wurde die Schauspielerin durch TV-Serien wie „Unser Lehrer Doktor Specht", „Ein Bayer auf Rügen" oder „Der Landarzt" bekannt. Auch in „Das Traumschiff" oder „In aller Freundschaft" wirkte sie mit.

✝

**9)** Trauer in Deekelsen: **Hotelier Bruno Hanusch** ist tot. Gespielt wurde er von Gert Haucke, der in 111 Folgen der Arztserie auftrat. Der Schauspieler („Der Alte", „Derrick") verstarb am 30. Mai 2008 an den Folgen eines Herzinfarkts, den er am 21. Mai 2008 am Steuer seines Wagens in Salzhausen erlitten hatte.

**10)** In vier Folgen (1987 bis 1989) spielte Gerty Molzen **Frau Hinnerksen**, die Ehefrau von Alfred Hinnerksen. Gerty Molzen starb am 31. August 1990 in ihrem Haus in Glücksburg.

Foto: Archiv Gerty Molzen

**11)** Trauer auch um den **Bürgermeister von Dekelsen, Karl Schultes** (36 Folgen, 1987 bis 1995), der gespielt wurde von Hans Häckermann. Nach langer Krankheit starb Häckermann 1995 im Alter von 65 Jahren.

Foto: Kai Labrenz

Foto: Kai Labrenz

**12) Anton Fletsch** hatte in der Serie immer etwas zu nörgeln und musste wegen jeder Kleinigkeit den Doktor holen. Teschner und Berg gerieten mehrfach aneinander und es wurde sich oft lautstark unterhalten. Die Figur von Anton Fletsch wurde vom Schauspieler Wolf-Dietrich Berg dargestellt. Seine letzte Leidenschaft beim „Landarzt" in der Rolle des Anton Fletsch waren Antiquitäten und das Wirken als hilfsbereiter Bürger des Dorfes. Im wirklichen Leben jedoch konnten die Ärzte dem Schauspieler nicht mehr helfen. Im Alter von 59 Jahren erlag der vielseitige Darsteller am 26. Januar 2004 in Hamburg einem Krebsleiden. Seit 1994 spielte Berg beim Landarzt mit. Seine Filmfrau, dargestellt von Schauspielerin Regine Vergeen, hatte es nicht immer leicht mit ihrem Ehemann Anton.

**13)** In drei Folgen (alle 1993) besuchte **Dr. Konrad Barth** Deekelsen. Gespielt wurde diese Rolle von Günter Naumann. Auch dieser Schauspieler, der unter anderem aus Filmen wie „Polizeiruf 110" oder „Ein Fall für Zwei" bekannt war, starb am 6. November 2009 in einem Krankenhaus in Berlin-Köpenick nach einem Nierenversagen.

**14)** Von 1992 bis 1995 kam in drei Folgen **Saskia Hanusch** nach Deekelsen. Gespielt wurde sie von Gisela Uhlen. Sie verkörperte seit 1936 etwa 60 Film- und über 100 Bühnenrollen. Die beliebte Schauspielerin („Forsthaus Falkenau", „Tatort", „Derrick") starb nach längerer Krankheit am 16. Januar 2007 in Köln an Lungenkrebs. Sie wurde 87 Jahre alt.

**15)** Einen Filmtod erlitt **Karsten Mattiesen**. Bei dem Versuch, einen Jungen bei einem schweren Gewitter zu retten, gerät der Arzt in eine gefährliche Situation. Er verstirbt. In einem Interview gab der Schauspieler Christian Quadflieg an, dass er nicht als Mediziner „abgestempelt" werden wollte. Aus diesem Grund inszenierte er diesen Filmtod. Die imaginäre Grabstätte (ein Grabstein aus Pappe) befindet sich auf dem Friedhof in Boren. Allerdings stellt die Filmcrew diesen „Grabstein" nur für Drehaufnahmen auf.

**16)** Von 1989 bis 1999 tauchte in insgesamt 33 Folgen **Hugo Cornelsen** auf. Verkörpert wurde diese Rollenfigur von Schauspieler Dieter Eppler. Der beliebte Schauspieler, den viele aus Serien wie „Derrick", „Tatort", „Der Alte", „Schwarzwaldklinik" oder „Großstadtrevier" kennen, verstarb nach Angaben seiner Familie am 12. April 2008 im Alter von 81 Jahren nach langer und schwerer Krankheit in Stuttgart.

Foto: Kai Labrenz

**19)** Die Bewohner von Deekelsen trauern um **Frau Sellmann**. Schauspielerin Eva-Maria Bauer, die jahrelang Frau Sellmann verkörperte und zu den beliebten Klatschtanten gehörte, verstarb am 17. Mai 2006. Im Alter von 82 Jahren wurde sie im Allgemeinen Krankenhaus Wandsbek von ihrem Krebsleiden erlöst. Beerdigt wurde sie anonym auf dem Friedhof Ohlsdorf in Hamburg. Bekannt wurde Eva-Maria Bauer primär durch ihre Rolle der Oberschwester Hildegard in der

Schwarzwaldwaldklinik". Ihre Rolle beim Landarzt hatte im Laufe der Jahre drei verschiedene Vornamen: Katharina, Hilde und Charlotte.

**17)** In den Folgen „Heringstage" und „Die Trennung" (beide wurden im Jahr 1995 ausgestrahlt), kam **Frau Johannsen** nach Deekelsen. Sie war die Mutter von Lars Johannsen. Gespielt wurde sie von Darstellerin Marga Legal. Im Alter von 93 Jahren starb sie am 30. Oktober 2001 bei einem Verkehrsunfall in Berlin-Weißensee. im Bezirk Pankow.

**18)** In der Folge „Heringstage" (1995) kam **Lars Johannsen** vor. Er wurde gespielt von Horst Frank. Er starb am 25. Mai 1999 in Hamburg. Horst Frank war Charakterdarsteller und Synchronsprecher.

Foto: Horst Frank by Stuart Mentiply GFDL 1.2

**20)** Auch der Deekelsener **Erich Schröll**, gespielt von Uwe Hacker, ist verstorben. Durch seine große Gestalt (über zwei Meter groß bei einem Gewicht von etwa 170 Kilogramm) wurde er für die Rolle der außergewöhnlichen Person Schröll eingesetzt. Im Jahr 1995 verstarb der Charakterdarsteller nach langer schwerer Krankheit in Hamburg.

**21)** Auch **Hermann „Männchen" Krisch**, gespielt von Hans Clarin, der in der Folge „Brandstiftung" im Jahr 1989 in Deekelsen auftauchte, ist gestorben. Hans Clarin starb am 28. August 2005 in seiner Wahlheimat Aschau im Chiemgau an Herzversagen. Bekannt war Clarin als Synchronsprecher für Pumuckl.

✝

**22)** Er fuhr die Dorfbewohner mehrfach mit seiner Fähre über die Schlei: **Alois Patzner**. Der Fährmann, gespielt von Udo Thomer, war stets gut gelaunt und plauschte gern mit Dr. Teschner. Am 2. Januar 2006 stürzte Udo Thomer eine Treppe hinab – starb infolge dessen an schweren Kopfverletzungen am am 12. Januar 2006 im Alter von 60 Jahren.

Foto: Kai Labrenz

**23)** Er besuchte als **Pastor Kleinschmidt** den Ort Deekelsen: Günther Junghans (rechts). Er war eines der Gesichter der Defa: Nach kurzer schwerer Krankheit starb Junghans am 10. August 2014 im Alter von 73 Jahren nach kurzer, schwerer Krankheit bei Berlin.

Foto: Kai Labrenz

**24)** Auch Haushaltshilfe von Landarzt Dr. Mattiesen und später Dr. Teschner, **Else Hildegard Jürgens**, verweilt nicht mehr unter uns. Verkörpert wurde die sympathische Dame von Schauspielerin Edith Beleit. In fast 150 Folgen trat sie auf. Am 23. Februar 2013 verstarb die beliebte Schauspielerin in ihrem Wohnort am Starnberger See.

**25)** Sie stand als **Marietheres Sabel** vor der Kamera und verkörperte die Mutter von Deekelsens Pastorin Renate Sabel: Karin Eickelbaum (links). Im Alter von 66 Jahren starb die Darstellerin in der Nacht zum 16. April 2004 an ihrem Krebsleiden. Sie wurde am 30. April desselben Jahres auf dem Berliner Waldfriedhof Hüttenweg beerdigt. Die Krebserkrankung wurde wenige Wochen vor dem Tod Eickelbaums diagnostiziert. Der Tod kam so überraschend, dass sogar das Drehbuch umgeschrieben werden musste.

**26)** Einen Filmtod erlitt Theas Lebensgefährte **Pit Melsen** (gespielt von Peter Wagenbreth). In der fünften Folge ist er während des Wanderurlaubs in Tirol tödlich verunglückt.
Dr. Mattiesen und Pastor Eckholm holen Thea vom Bahnhof ab. Thea ist total verzweifelt. Das Foto oben zeigt die Beerdigung von Pit Melsen auf dem Friedhof in Deekelsen.

# Die einzelnen Folgen von 1987 bis 2013

**1. Staffel:**
1. Geburtstag (Pilotfilm 1. Teil)
2. Glücklich geschieden (Pilotfilm 2)
3. Große Kinder – große Sorgen
4. Nachwuchs
5. Die Liebe, die Liebe
6. Ein rabenschwarzer Tag
7. Der Kräuterdoktor
8. Eike greift ein
9. Unterlassene Hilfeleistung
10. Ein neuer Flirt
11. Das Attentat
12. Junges Gemüse
13. Gegen die Uhr
14. Der Lockvogel
15. Alles nochmal von vorn

**2. Staffel:**
16. Auf neuen Wegen (Teil 1)
17. Auf neuen Wegen (Teil 2)
18. Der Spieler
19. Diagnose Liebeskummer
20. Aus alten Zeiten
21. Auf Herz und Niere
22. Routineeingriff
23. Ein Kind wird vermisst
24. Familienleben
25. Urlaub zu zweit
26. Corinna meldet sich zurück
27. Mißverständnisse
28. Brandstiftung
29. Guter Rat ist teuer
30. Das Leben geht weiter

**3. Staffel:**
Schönes Wochenende
32. Post aus Kanada
33. Beziehungskisten
34. Freitag der 13.
35. Das Angebot
36. Ein Fremder im Haus

37. Der Wespenstich
38. Es braut sich was zusammen
39. Heute keine Sprechstunde

**4. Staffel:**
40. Der Tod des Dr. Mattiesen
41. Mutterschaft
42. Der neue Doktor
43. Die Erpressung
44. Arzt im Zwielicht
45. Der Held von Deekelsen
46. Herzensangelegenheiten
47. Familienanschluß
48. Neue Verhältnisse
49. Familienkrieg
50. Alles aus Liebe
51. Mast- und Schotbruch
52. Ein Toter im Auto

**5. Staffel:**
53. Liebe verzeiht alles
54. Stein des Anstoßes
55. Zum Wohl, Herr Pfarrer
56. Eckholms letzte Predigt
57. Das Verfahren
58. Die Versammlung
59. Hausverbot
60. Eine Frau sucht ihren Mann
61. Annahme verweigert
62. Jugendsünden
63. Wo die Liebe hinfällt
64. Der Fremde
65. Die Konkurrenz

**6. Staffel:**
66. Besuch aus Brasilien
67. Rote Rosen für Annemarie
68. Die Trennung
69. Heringstage
70. Lillis Einstand
71. Olga in Nöten

Quelle: ZDF und Produktionsfirma. Die Folgennummern wurden mit Herausgabe einzelner DVDs im Nachhinein neu belegt. 90-minütige Sonderfolgen (wie der Pilotfilm) wurden zunächst als eine Folge deklariert. Im Nachhinein sind es zwei. Bitte lesen Sie dazu die Anmerkung auf Seite 94.

# Der Landarzt bei „Notruf Hafenkante"

Zur 100. Folge der kombinierten Arzt- und Polizeiserie „Notruf Hafenkante" (Episodentitel: „Der verlorene Bräutigam") bekommt das Hamburger Team Besuch von Dr. Jan Bergmann.

Zum Inhalt: Als Trauzeuge ist Jan Bergmann, begleitet von seiner Freundin Maren Jantzen (Caroline Scholze), nach Hamburg eingeladen worden. Allerdings verschwindet der beste Freund von Jan Bergmann ausgerechnet am Tag der Hochzeit spurlos. Dr. Bergmann wendet er sich hilfesuchend an das Polizeikommissariat 21, in dem die Beamten aus „Notruf Hafenkante" ihren Dienst verrichten. Sämtliche Streifenpolizisten nehmen nach erfolgreicher Suche des Vermissten anschließend an der Hochzeit teil. Die Hochzeit findet bei strahlendem Sonnenschein auf dem Museumsschiff „Rickmer Rickmers" statt. Gedreht wurde unter anderem auf der Rickmers Rickmers, im Stadtteil St. Pauli und in der Eppendorfer Landstraße.

*Wayne Carpendale und Kai Lentrodt auf der Rickmer Rickmers.*

*Dreharbeiten auf dem Museumsschiff Rickmer Rickmers im Hamburger Hafen.*

Im Gegenzug bekommt in der 25. Jubiläumsstaffel als Höhepunkt das Dorf Deekelsen Besuch zweier Polizisten aus „Notruf Hafenkante", die in der Heimat des Landarztes einen Bankraub aufklären. Melanie Hansen und Mattes Seeler verfolgen Bankräuber bis nach Schleswig-Holstein. Dort nutzen sie die Gelegenheit für einen Besuch bei Landarzt Dr. Bergmann.

# Politiker, die in die Praxis kommen...

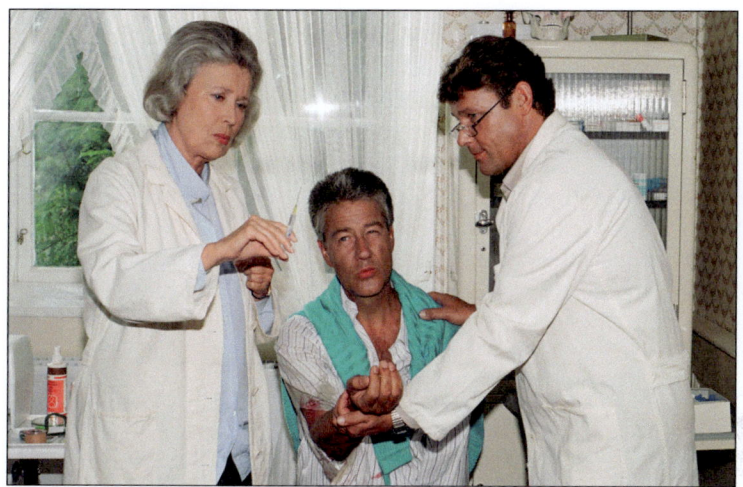

*Mit Freude bereitet Olga Mattiesen (Antje Weissgerber) für Patient **Björn Engholm** eine Tetanusspritze vor. Landarzt Uli Teschner (Walter Plathe) spricht ihm Mut zu.*

Foto: Kai Labrenz

Ministerpräsident Björn Engholm machte am 4. August 1992 eine Fahrradtour durch Deekelsen. Der Landesvater stürzte vom Rad und erlitt einige Schürfwunden. Mit letzter Kraft schaffte er es noch zur Praxis von Landarzt Dr. Teschner und ließ sich dort den rechten Unterarm verbinden. Der Doktor befragte Engholm, wann er denn die Tetanusspritze bekommen hätte. Engholm erzählte, dass es noch in seiner Jusoszeit gewesen sein müsste. „Das ist ja schon ´ne Weile her", erwiederte Uli Teschner. Olga Mattiesen machte dann eine Tetanusspritze fertig. Der Gesichtsausdruck von Björn Engholm ließ ahnen, wie ihm zumute war, und meinte nur: „Wat mut, dat mut!".

Am Donnerstag, dem 27. Juli 2006, schaute Dr. Teschner aus dem Fenster seiner Praxis: zwei schwarze Limousinen parkten vor dem Landarzthaus. „Wer das

**Peter Harry Carstensen** *lässt sich von Dr. Teschner das Krankenbild erklären.*

wohl ist", ging es ihm durch den Kopf. „Der nächste bitte!" – und durch die Tür kam Schleswig-Holsteins Ministerpräsident Peter Harry Carstensen herein. Bevor die Sommerpause in Kiel zu Ende war, wollte sich der Regierungschef noch einem Gesundheitscheck unterziehen. Da er gerade hier an der Schlei einen Termin hatte, schaute er mal beim berühmten TV-Landarzt in Deekelsen vorbei. Mit diesem kurzen Fernsehdebüt wollte sich Peter Harry Carstensen bei den Verantwortlichen dafür bedanken, dass die Schleiregion im In- und Ausland zu sehen war.

# Schlusswort / Anmerkungen

Es gibt alle Staffeln der Serie auf DVD, zudem werden im Fernsehen immer mal wieder einige Folgen wiederholt. Letztlich können alle Angaben in diesem Buch aktuell sein, obwohl gerade in den letzten Staffeln viele Darsteller nicht mehr in der Serie mitmachen und auch einige Drehorte nicht mehr aufgesucht werden.

Dieses Buch beschreibt die Arztserie vom Anfang (1987) bis Ende (2013) unter Berücksichtigung, dass sich ein Landarzt-Fan sowohl in älteren Folgen, als auch in neueren Folgen wiederfindet. Das Buch „Danke Landarzt – 26 Jahre rezeptfreie Unterhaltung" erhebt keinen Anspruch auf Vollständigkeit. Das ist bei einer Serie, die über 26 Jahre lang gedreht wurde, auch nicht möglich. Insbesondere das Kapitel „prominente Gastdarsteller" ist nur ein kleiner Auszug. Zudem weist der Autor darauf hin, dass die Abgrenzung zwischen Stammbesetzung und Gastdarsteller in vielen Fällen übergangslos ist. Ab wann gehört ein Schauspieler zur Stammbesetzung? Wenn er in einer Staffel fünf, acht oder zehn Male auftritt? Oder muss derjenige in mehreren Staffeln mitgewirkt haben? Eine Frage, die selbst die Verantwortlichen der Produktion und Sendeanstalt nicht klar beantworten können. Bekannte Schauspieler wie Jan Fedder, Hans Häckermann oder beispielsweise Klausjürgen Wussow spielten in der Serie mit. In dem Kapitel jeden Namen zu erwähnen, würde ein ganzes Buch füllen. Somit wurde in dem Kapitel eine kleine Auswahl getroffen. Gleiches gilt für das Kapitel „Wo ist Deekelsen". Im gesamten Kreisgebiet rund um Kappeln machte das Filmteam Station und nahm tageweise Wohnungen, Häuser, Gutshäuser oder sonstige Gebäude in Beschlag und drehte dort einige Folgen. Gerade in Kappeln wurden auch Betriebshöfe von Firmen als Kulisse oder öffentliche Gebäude und Plätze für Dreharbeiten genutzt.

Anmerkung: Bei „Der Landarzt" handelte es sich um eine solide Serie, in der Arzt- und Familiengeschichten nach bewährtem Strickmuster vorgekommen sind. Der Landarzt zählt zu den dienstältesten Vorabendseries und erreichte durchschnittlich bei allen 297 ausgestrahlten Folgen bis zuletzt hohe Einschaltquoten von etwa vier Millionen Menschen. Auch wenn als Zielgruppe Zuschauer mit einem Alter von über 40 Jahren definiert wurde, schauten seit der Besetzung mit Wayne Carpendale immer häufiger jüngere Menschen diese Serie und drückten sich vor Ort am Set bei den Dreharbeiten die Nasen platt. Die Serie war und ist in der Wiederholung beliebt bei Alt und Jung. Sie ist eine Mischung aus Arzt- und Familienserie mit großem Unterhaltungscharakter.

Bezogen auf die Nummerierung der einzelnen Folgen auf den Seite 88 bis 91 hat sich der Autor an der offiziellen Zählweise der Produktionsfirma und des ZDF orientiert. Die insgesamt fünf produzierten Doppelfolgen (Pilotfilm und Sonderfolgen) werden demnach als jeweils zwei Folgen betrachtet, obwohl sie bei ihrer Erstausstrahlung als zusammengeschnittene Episoden ausgestrahlt wurden. Im Nachhinein wurden also die Folgennummern angepasst.

# Danke Landarzt – 26 Jahre rezeptfreie Unterhaltung

Dr. med.
K. Mattiesen
prakt. Arzt

Sprechstd.:  8 - 12 Uhr
Di. und Do. 16 - 19 Uhr

Dr. med.
Ulrich Teschner
prakt. Arzt

Sprechstunden:  Mo., Di., Fr.   8 - 12 Uhr
Mi., Do.   15 - 19 Uhr
Samstags nach Vereinbarung

Dr. Jan Bergmann
Arzt für Allgemeinmedizin

Sprechzeiten

Mo. - Fr.          9.00 - 12.00 Uhr
Mo. Di. Do.    15.00 - 19.00 Uhr

# Kurze Randnotiz

Der Vorspann läuft, es kommen Glücksgefühle.
Zu sehen sind Rapsfelder, Praxis und die Deekelsener Mühle.
Dann geht's los. Der Doktor trifft den ersten Patient,
Fuß verstaucht – ein Mensch, der einfach zu viel rennt.
Gejoggt ist er am Ufer der Schlei,
die Tratschtanten führen ein wahres Geschrei.
Thea Knoll, Berta Jacobsen und Charlotte Sellmann gehören dazu.
In Deekelsen spricht sich das Malheur herum – im Nu.
Es sind Geschichten wie diese, Probleme der kleinen Leut'.
Made in Deekelsen. Etwa vier Millionen Zuschauer sind erfreut.
Folge für Folge schauen sie sich die Arztserie an.
Der Doktor aus Deekelsen zieht jeden in seinen Bann.
Die TV-Serie gibt's seit über 26 Jahren.
Viele Fans kommen alljährlich zum Drehort gefahren.
Auch in Zukunft schalten wir ein, genießen den Alltag in Deekelsen.
Erleben den Knatsch zwischen Hinnerksen und den anderen. Na denn.
Auf DVD oder in der Wiederholung: Weil wir ihn doch gern sehen.
Den Landarzt – im Zweiten Deutschen Fernsehen.

Fotos: privat

## „Danke Landarzt – 26 Jahre rezeptfreie Unterhaltung" auch als Hochglanzmagazin

Jetzt halten Sie das Buch „Danke Landarzt – 26 Jahre rezeptfreie Unterhaltung" in Ihren Händen. 104 Seiten geballte Ladung an Hintergrundberichten, Interviews, Eckdaten über Deutschlands beliebte Arzt-Fernsehserie und natürlich jeder Menge Fotos. Das reicht Ihnen aber noch nicht? Dann bestellen Sie sich gerne noch das praktische Hochglanzmagazin. Gleicher Inhalt, gleicher Name, aber andere Aufmachung und vorallem sind in dieser Broschüre alle Fotos in Farbe! Auch dies ist ein schönes Nachschlagewerk und für jeden Landarzt-Fan ein unbedingtes Muss!
Bestellen können Sie es im Internet unter www.FoTe-Press.de unter der Rubrik Produkte. Viel Spaß mit dem handlichen Hochglanzmagazin.

# Letzte Klappe für den Landarzt im Jahr 2012

Schock für alle „Landarzt"-Fans: Dr. Jan Bergmann gehört der Vergangenheit an, ebenso wie Deekelsen. Im 25. Ausstrahlungsjahr hat das ZDF die Kult-Serie abgesetzt. Am 3. Oktober 2012 – dem Tag der Deutschen Einheit und somit einem Feiertag – gab die Novafilm Fernsehproduktion Berlin überraschend das Aus bekannt. Auf der Internetplattform „Facebook" postete das Unternehmen: „Cut! Der Landarzt ist abgedreht. Für immer." Auf dem Abschlussfest für die 22. Staffel habe man sich von dem „tollen Team" verabschieden müssen.

Gerüchte hatte es schon vorab gegeben. Doch das ZDF hielt sich auf Anfrage ebenso bedeckt wie die Produktionsfirma, die nur das Staffelende bestätigen wollte. Nun die Kehrtwende: Novafilm war selbst kurzfristig über die Entscheidung des ZDF informiert worden und schrieb: „Unser Dank gilt allen, die ihren Teil dazu beigetragen haben, dass ,Der Landarzt' in dieser Qualität hergestellt werden konnte und den vielen Millionen Menschen, die das Programm mit Freude einschalten."

Warum das plötzliche Serien-Aus? „Das ZDF wird im Rahmen der kontinuierlichen Programmerneuerung die Vorabendserie Der Landarzt' nicht fortsetzen. Darüber wurde die betreffende Produktionsfirma bereits informiert", gab Iris Käsche von der Pressestelle bekannt. „Für den Sendeplatz am Freitagabend um 19.25 Uhr werden neue Formatideen entwickelt. Zur kontinuierlichen Modernisierung eines TV-Programms gehört auch der gelegentliche Abschied von lang laufenden Formaten. Sonst gäbe es keine Sendeplätze für Neuentwicklungen", so Käsche weiter. Kaum jemand am Set konnte die Entscheidung des ZDF verstehen.

Der Sender war schon in der Vergangenheit durch Reglementierungen rund um die Produktion aufgefallen. In den Jahren, in denen Wayne Carpendale Hauptdarsteller war, wurden die Dreharbeiten für Journalisten abgeschirmt. Nur einmal im Jahr wurden Pressevertreter kollektiv ans Set gelassen, um Fotos zu schießen und Interviews zu führen. Das war zu Zeiten von Christian Quadflieg (Landarzt von 1987-1992) und Walter Plathe (Landarzt von 1992 bis 2008) anders. Carpendale postete am 3. Oktober 2011 über „Facebook": „Ich muss Euch leider sagen, dass ich am Montagabend meine letzte Szene als Dr. Jan Bergmann gespielt

habe. Der Sender hat sich entschieden, den Landarzt nicht fortzusetzen. Es waren fünf wunderschöne Jahre mit einem ganz besonderen Team und tollen Fans. Dafür ein riesen fettes Danke!"

*Dieses Foto entstand an einem der letzten Drehtage: (von links) Janina Elkin, Wayne Carpendale, Edith Beleit und Regisseurin Ulrike Hamacher.*

# Weitere Produkte von Matthias Röhe

## Verschiedene Foto-CDs

Eine tolle Geschenkidee: **Foto-CDs** mit Motiven von verschiedenen Filmkulissen (unter anderem „Der Landarzt", „Tatort", „Die Wicherts von nebenan", „Großstadtrevier", „Schwarzwaldklinik"). Eine Foto-CD enthält 25 schöne Motive in großer Auflösung, die Sie für verschiedene Zwecke verwenden können. Preis: 10,00 Euro. Es sind unterschiedliche Kulissen wie Ortsschilder, Filmklappen, Gebäude von öffentlich zugänglichen Wegen auf den Foto-CDs enthalten. Zu bestellen sind sie unter www.FoTe-Press.de/produkte.

Für Sammler ein unbedingtes Muss: eine Foto-CD mit Fotos verschiedener Einsatzwagen von Feuerwehr, Polizei, THW oder Rettungsdiensten. Wasserwerfer, Löschgruppenfahrzeuge, Leiterwagen, Krankentransportwagen; die unterschiedlichsten Fahrzeuge sind auf einer Foto-CD vertreten. Es gibt verschiedene Möglichkeiten: bestellen Sie eine Foto-CD mit nur einer Sorte Rettungseinheit (entweder Feuerwehr oder Polizei oder THW oder Rettungsdienst). Dann sind auf einer Foto-CD 150 Fotos von Fahrzeugen der entsprechenden Einheit drauf. Oder Sie bestellen eine gemischte Foto-CD. Dann befinden sich auf der Foto-CD insgesamt 150 verschiedene Fotos von allen Einheiten.

## Nachschlagewerk übers „Großstadtrevier"

Montag für Montag gehen die Beamten des Hamburger Kommissariats 14 auf Streife und in der ARD auf Sendung. „Großstadtrevier" ist eine Vorabendserie, die seit dem Jahre 1986 mit großem Erfolg im deutschen Fernsehen läuft. Wenig Blutvergießen, dafür humorvolle Geschichten aus dem Polizeialltag. Es ist eine ideale Ergänzung zum Buch „Das 14. Revier" und allen anderen bisherigen Produkten dieser Serie. Viele Szenen- und Arbeitsfotos vom Set, ein Suchrätsel mit Begriffen zur Serie und Hintergrundinformationen zur TV-Serie! Es ist ein 114seitiges, informatives Buch. Infos über die genauen Drehorte, Portraits der Darsteller, allgemeine Hintergrundinformationen über Dreharbeiten und eine große Fotostrecke mit schönen Motiven der Darsteller und Kulissen! Erschienen im September 2010 im Verlag Books on Demand, Norderstedt. ISBN-13: 978-3-8423-3033-7. Seitenzahl: 114. Preis: 9,99 Euro.

# Die Kultbullen aus Hamburg

Anfang 1986 fällt die erste Filmklappe — am 16. Dezember des gleichen Jahres wird die erste Folge unter dem Titel „Mensch, der Bulle ist `ne Frau" ausgestrahlt. Die Serie Großstadtrevier ist geboren und vom ersten Tag an erfolgreich. So erfolgreich, dass gleich nach Ausstrahlung weitere Folgen produziert und gesendet werden. Heute schreiben wir das Jahr 2011 und noch immer werden in Hamburg und Umgebung Folgen für diese Serie gedreht. Zwar sind in der Zwischenzeit viele Köpfe gerollt, aber Witz und Charme sind geblieben. Bemerkenswert: in den vergangenen 25 Jahren gab es nicht mal zehn Todesfälle in der Serie und wenig Blutvergießen.

In dem Buch „Die Kultbullen aus Hamburg" werden Höhe- und Tiefpunkte der vergangenen 25 Jahre skizziert. Es ist eine ideale Ergänzung zu allen bisherigen Produkten der TV-Serie. Die Hauptdarsteller von 1986 bis heute (von Arthur Brauss, Kay Sabban, Mareike Carriére über Peter Neusser, Dorothea Schenck und Edgar Hoppe bis hin zu Jan Fedder, Marc Zwinz und Sophie Moser) werden vorgestellt.

Es gibt Suchrätsel mit Begriffen zur Serie, Interviews mit einigen Darstellern, die prominenten Gastdarsteller werden vorgestellt. Zahlen, Daten, Fakten über die TV-Serie „Großstadtrevier" werden gegeben. Eine Auflistung aller bisher ausgestrahlten Folgen runden den Inhalt ab – außerdem gibt es das Kapitel „300. Folge „Großstadtrevier" mit Informationen über die Dreharbeiten in Bad Segeberg.

Außerdem sind in diesem Buch ganz viele Fotos von den Darstellern, Arbeitsfotos, Setbilder und viele Portraits zu finden! Erschienen im August 2011 im Verlag Books on Demand, Norderstedt. ISBN-13: 978-3-8423-7329-7. Seitenzahl: 124. Preis: 9,99 Euro.

Gleicher Inhalt, gleicher Name. Aber in diesem Buch sind weit über 370 tolle Farbfotos – und darüber hinaus zahlreiche weitere Fotos in schwarzweiß zu sehen. Auf 104 Seiten finden Sie auch in diesem Nachschlagewerk alles Wissenswertes zur Polizeiserie „Großstadtrevier". Erschienen am 27. Oktober 2011, ISBN: 978-3-8423-8349-4. Preis: 11,99 Euro, Books on Demand, Norderstedt.

# Diagnose langlebig: Der Landarzt

Es ist ein tolles Nachschlagewerk über die Fernsehserie „Der Landarzt". Ein interessantes Buch mit vielen Informationen über die TV-Serie, einer genauen Beschreibung „Wo ist Deekelsen" (den genauen Drehorten) und vielen Fotos von den Dreharbeiten. Tolle Setfotos, Szenenfotos, Portraits und Gruppenfotos von den Darstellern der Serie. Von den Anfängen mit Christian Quadflieg, Walter Plathe bis Wayne Carpendale. Ausführlich geht der Autor auf die Anfänge mit Uschi Glas ein, die während der Dreharbeiten schwanger wurde und die Filmarbeiten beenden musste. Gila von Weitershausen übernahm die Rolle der Annemarie Mattiesen, die den Fernsehzuschauern als beliebte Lehrerin aus Deekelsen bekannt ist. Alle bis zum Jahr 2010 ausgestrahlten Folgen sind chronologisch aufgelistet, zudem stellt der Autor die Hauptdarsteller detailliert vor. Zudem gibt es das Kapitel „gestorben in Deekelsen". Dort beschreibt der Autor, wer in den vergangenen Jahren verstorben ist. Das Buch „Diagnose langlebig: Der Landarzt" gibt es unter www.FoTe-Press.de/produkte und in jeder Buchhandlung. ISBN-13: 978-3-8391-3285-2, Preis: 9,99 Euro.

---

„Raubtierjournalismus – der Kampf ums beste Bild" beschreibt den Arbeitsalltag eines Fotografen, der Tag für Tag in den Pressegräben steht und am Roten Teppich prominente Persönlichkeiten abschießt. Ein Kampf ums beste Bild, denn neben ihm stehen Dutzende von „Kollegen", die einem das Leben ganz schön schwer machen. Tricks und Tipps, wie man gute Pressefotos fertigt und

hinterher über eine Agentur vermarktet, stehen in dem 148 Seiten umfassenden Buch. Wie kann man mit seinen Bildern Geld verdienen? Worauf kommt es bei einem Foto an? Wie sieht es mit den Rechten aus? Darf ich einfach Promis fotografieren und dann mit den Fotos machen, was ich will? Ein Hamburger Fotograf erzählt, wie er tagein und tagaus Pressetermine wahrnimmt, Fotos von Promis produziert, diese hinterher mit einem Programm fachgerecht beschriftet und bearbeitet und über eine Fotoagentur in Deutschlands Zeitungen und Zeitschriften bringt. Es ist ein langer Weg zu einer Veröffentlichung in einer Zeitung, Zeitschrift, Illustrierten oder einem Onlinemedium. Ein langer, ein kämpferischer Weg. In keinem anderen Beruf ist der Schritt vom Freund zum Feind so kurz, wie bei den Pressefotografen. Eben noch freundschaftlich geplaudert, steht auf einmal ein Feind neben einem. Mit allen Mitteln geht es hier um das beste Bild. Gerangel, Geschubse, Gedränge, Geschrei – immer wieder Beleidigungen, Verleumdungen, Manipulationen, Diebstähle. All dies gehört zum Berufsbild Pressefotograf dazu. ISBN-13: 978-3-8391-6680-2, Preis: 11,99 Euro.

Jeden Montag gehen die Beamten des 14. Polizeireviers auf Streife und in der ARD auf Sendung. „Großstadtrevier" ist eine Vorabendserie, die seit dem Jahre 1986 mit großem Erfolg im deutschen Fernsehen läuft. Fast 300 gedrehte Folgen wurden bis 2009 in 23 Staffeln produziert. Im Jahr 2005 wurde die Serie mit der „Goldenen Kamera" als beste Kultserie ausgezeichnet. Die Handlungen lassen sich kurzum erzählen: Polizeialltag auf dem Hamburger „Kiez". Im Buch „Das 14. Revier" erzählt der Autor über die Drehorte, beschreibt die Charaktere der Figuren und stellt die Darsteller vor. Alle bis zum Jahr 2009 ausgestrahlten Folgen im Überblick, eine Auflistung prominenter Gastdarsteller, sowie eine umfangreiche Bilderstrecke runden den Inhalt ab. Eine Besonderheit dürfte die Kategorie Filmfehler sein. So geht der Autor auf formale, inhaltliche und Kamerafehler ein. Zudem sind Interviews mit drei Hauptdarstellern in dem Buch veröffentlicht. Für Fans der Serie ein Muss! Das Buch ist eine ideale Ergänzung zu allen bisherigen veröffentlichten Büchern und Produkten dieser Serie. Viele Szenen- und Arbeitsfotos vom Set! Buch „Das 14. Revier", ISBN-13: 978-3-8391-2690-5, BoD, Preis 9,99 Euro.

# Hamburg: Stadt wie im Film

Hamburg ist Anziehungspunkt für zahlreiche Film- und Fernsehmacher. Täglich entstehen etliche Sendeminuten in der Millionenmetropole an Elbe, Alster und Bille. Es gibt keinen Stadtteil, der nicht von Filmemachern als Kulisse dient. In seinem Buch „Hamburg – eine Stadt wie im Film" verrät Autor Matthias Röhe Kulissen vieler Serien und Filme. Wo beamen sich die Mädels aus „Emmas Chatroom" nach Hamburg? In welchem Stadtteil ermitteln die Pfefferkörner? Wo ist das Revier 14 aus dem Großstadtrevier? Wo jagen die Wächter aus „4 gegen Z" den gemeinen Zanrelot? Wo steht das Kriminaltechnische Institut der Gerichtsmedizinerin? Der Autor gibt Basisangaben der Serien und Filme, beschreibt die Drehorte und zeigt eine Auswahl an Fotos. Hamburg zieht nicht nur Filmemacher in die Stadt, sondern die Hansestadt an der Elbe zeigt sich als idealer Medienstandort. Ein Streifzug durch die Medienlandschaft Hamburgs. Hamburg ist viel mehr als nur Schauplatz und Drehort. Zahlreiche Prominente aus Film und Fernsehen leben in der Hansestadt. Sie haben Hamburg zu ihrem Dreh- und Angelpunkt gemacht. Drei Themen, ein Buch: „Hamburg – eine Stadt wie im Film": ISBN 978-3-8391-1389-9, BoD, Preis: 9,99 Euro.

In absehbarer Zeit stellt Matthias Röhe sein Buch „Erst machst du auf Liebe, dann machst du ´ne Fliege" der Öffentlichkeit vor. Es geht um einen jungen Mann namens Christian, der sich ständig in die „falschen" Frauen verliebt. Ob in früherer Zeit in der Schule, in der Freizeit oder selbst auf der Arbeit. Überall begegnen dem jungen Mann nette, auf den ersten Blick sympathische Frauen.

Es kommt zu durchaus netten Gesprächen und lockeren Treffen. Aber, es zieht sich wie ein roter Faden durch sein Leben, nach einer gewissen Zeit ist alles aus. Kein Kontakt mehr. Immer wieder denkt sich Christian: „Es hätte doch wenigstens eine gute Freundschaft werden können. Warum meldet sie sich nicht mehr. Überhaupt nicht mehr?" Christian gibt alles. Er schreibt E-Mails und gelegentlich die eine oder andere SMS und ruft auch immer wieder an. Ansatzweise bekommt er seine Bemühungen erwidert. Aber dann auf einmal ist Schluss. Eine Liebesgeschichte mit mehreren Frauen aus dem Leben von Christian. Demnächst im Buchhandel und unter www.FoTe-Press.de.

## Drehort Hamburg

104 Stadtteile – unzählige Kulissen. Hamburg ist Anziehungspunkt für Film- und Fernsehmacher. Täglich entstehen etliche Sendeminuten in der Millionenmetropole an Elbe, Alster und Bille. Es gibt keinen Stadtteil, der nicht von Filmemachern als Kulisse dient. In seinem Buch „Drehort Hamburg" verrät Autor Matthias Röhe Kulissen vieler Serien und Filme. Wo ist das Revier 14 aus dem Großstadtrevier? Wo lösen die Pfefferkörner ihre Kriminalfälle? Wo jagen die Wächter von Hamburg den gemeinen Zanrelot? Wo steht das Kriminaltechnische Institut der Gerichtsmedizinerin? Der Autor gibt Basisangaben der Serien und Filme, beschreibt die Drehorte und zeigt eine Auswahl an Fotos. Hamburg zieht nicht nur Filmemacher in die Stadt, sondern die Hansestadt an der Elbe zeigt sich als idealer Medienstandort. Ein Streifzug durch die Medienlandschaft Hamburgs. Hamburg ist viel mehr als nur Schauplatz und Drehort. Zahlreiche Prominente aus Film und Fernsehen leben in der Hansestadt. Sie haben Hamburg zu ihrem Dreh- und Angelpunkt gemacht. Buch „Drehort Hamburg": ISBN 978-3-8370-8252-4, BoD, Preis: 11,95 Euro.

## Hochglanzmagazin: Diagnose langlebig: „Der Landarzt"

Seit dem Jahr 2000 begleitet Matthias Röhe die Dreharbeiten am Set des Landarztes und kennt sich mit der Serie gut aus. Neben einem Landarzt-ABC mit Begriffserklärungen zur Serie werden aktuelle wie auch frühere Darsteller portraitiert. Von Christian Quadflieg über Walter Plathe bis hin zu Wayne Carpendale. Auch prominente Gastdarsteller finden im Magazin ihren Platz: Die Ministerpräsidenten Björn Engholm und Peter-Harry Carstensen beispielsweise. „Wir haben Fotomaterial von Uschi Glas, die 1986 die weibliche Hauptrolle besetzte und wegen ihrer Schwangerschaft die Dreharbeiten abbrechen musste. Etwa 60.000 D-Mark wurden damals in den Sand gesetzt", gibt Matthias Röhe einige Details preis. Einen weiteren Schwerpunkt bildet die Rubrik „Wo ist Deekelsen" mit vielen Geheimtipps über die Drehorte. Hunderte Touristen aus ganz Deutschland, Österreich und der Schweiz kommen nach Schleswig-Holstein, um sich die Drehorte im Original anzuschauen. Landarzt-Kreuzwort-Rätsel, ein Landarzt-Rezept – ideal zum Nachkochen, einen Überblick über die einzelnen Folgen, sowie die Rubrik „Gestorben in Deekelsen" – wer alles in den vergangenen Jahren verstorben ist – runden das Informationsmagazin ab. Auf vielen Seiten findet sich eine exklusive Foto-Visite mit einmaligen Szenenfotos. Für jeden Landarzt-Fan ist das neue Hochglanzmagazin (erschienen 01/2010) ein Muss! Das Magazin kann unter www.FoTe-Press.de/Deekelsen bestellt werden und kostet nur 3,99 Euro.

# Zeitung „20 Jahre Der Landarzt"

Der Vorläufer des Hochglanzmagazins war die am 20. Februar 2007 erschienene Sonderzeitung „20 Jahre Der Landarzt". Die Serie feierte an exakt diesem Tag ihr 20. Bestehen. Aus diesem Grund gibt es die Sonderzeitung mit interessanten Artikeln rund um die erfolgreiche Arzt-Serie mit Christian Quadflieg, Walter Plathe und Wayne Carpendale in den Hauptrollen! Das kleine Landarzt-ABC, Interview mit Wanja Teschner alias Till Demtrøder, die Darsteller im Portrait (tolle Fotos der Schauspieler), „Wo ist Deekelsen" mit vielen Geheimtipps (wo die Serie genau gedreht wird), ein Landarzt-Kreuzwort-Rätsel, sowie viele Informationen über die Dreharbeiten. Wussten Sie, dass Uschi Glas anfangs vor der Kamera stand und dann den Dreh wegen Schwangerschaft abbrechen musste? Die Sonderzeitung kann ganz einfach auf der Homepage www.FoTe-Press.de/Deekelsen bestellt werden.

„Notruf Hafenkante" ist mit bis zu 4,9 Millionen Zuschauern eine der erfolgreichsten Fernsehserien im Vorabendprogramm des Deutschen Fernsehens. Dabei handelt es sich um eine Mischung aus Polizei-, Arzt- und Familienserie. Denn im Vordergrund stehen Geschichten aus dem Alltag der Hamburger Polizisten des Kommissariats 21 in der Speicherstadt, sowie den Ärzten aus dem Elbkrankenhaus. Spannende Geschichten an Hamburgs Hafenkante. Die Darsteller und ihre Rollen im Portrait, zwei Such-Rätsel mit Begriffen zur Serie, alle ausgestrahlten Folgen bis Januar 2010, Infos über Drehbuchautoren, Komparsen und Regisseure, viele Fotos! Ein ausführlicher Komparsenbericht und zahlreiche Fotos von den Dreharbeiten runden den Inhalt ab.

„Einsätze an Hamburgs Hafenkante", ISBN: 978-3-8391-3169-5.